海外の日本語シリーズ **2**

サイパン

マリアナ諸島に残存する日本語
―その中間言語的特徴―

ダニエル・ロング／
新井正人 ──著

真田信治 ── 監修

明治書院

海外の日本語 シリーズ

発刊のことば

　アジア・太平洋地域における日本の旧統治領には、戦前・戦中に日本語を習得し、現在もその日本語能力を維持・運用する人々がまだ多数存在する。日本が撤退して数十年が経過したが、現在これらの地域に居住するかつての日本語学習者はどのような種類の日本語を使っているのか。これは、言語の習得・維持・消滅にかかわる研究に幅広く貢献するはずの課題である。

　そのような見地から、現在、人間文化研究機構国立国語研究所での共同研究プロジェクト（基幹型）「日本語変種とクレオールの形成過程」（プロジェクトリーダー：真田信治）を進行させているところである。

　本シリーズは、このプロジェクト（略称「海外の日本語変種」）の基盤とする、これまでの個々の調査研究の成果を出版していくものである。台湾やミクロネシアでの、母語を異にする人々の間で日本語はリンガフランカとして長く用いられてきた。これまでのフィールドワークの結果、これらの地域で話される日本語には言語としての合理化（単純化）が進んでいることが明らかになった。また、現地語からの転移がそれぞれの日本語を彩っている。なお、当時、現地に居住していた母語話者の出身地とのかかわりもあって、台湾での日本語は九州方言の影響を受け、マリアナ諸島での日本語は沖縄のことばの影響を受け、またサハリンでの日本語は北海道方言の影響を受けていることがわかった。ただし、話者たちの日本語能力には各地域ともに著しい個人差も存在する。本シリーズの各書は、そのような実態を詳細に記述している。

　大方の御批判を仰ぐものである。

2011年6月

真田 信治（NINJAL）

目　次

発刊のことば
はじめに ……………………………………………………………………9

第1章　マリアナ諸島の歴史的背景 …………………………………13

1.1　日本による委任統治 ………………………………………………13
1.2　日本人のマリアナ地域への移民 …………………………………14
　1.2.1　サイパン島への移民 …………………………………………14
　1.2.2　テニアン島への移民 …………………………………………15
1.3　日本語による教育 …………………………………………………16
　1.3.1　軍政時代 ………………………………………………………17
　1.3.2　民政時代 ………………………………………………………17
　1.3.3　南洋庁時代 ……………………………………………………18
　1.3.4　教材と教育内容 ………………………………………………18
1.4　現地住民と日本人の接触 …………………………………………19
　1.4.1　人口統計資料から推測される日本人の影響 ………………20
　1.4.2　人口統計からみる日本語方言話者の影響 …………………27
　1.4.3　日本人住民の出身地 …………………………………………28

第2章　研究の概説 ………………………………………………………35

2.1　先行研究 ……………………………………………………………35
2.2　「中間言語」の定義 ………………………………………………35
2.3　調査の実施 …………………………………………………………36
2.4　インフォーマント …………………………………………………38
2.5　分析対象とする項目 ………………………………………………39

第3章　オーラルヒストリーからみる実態 …………………41

3.1　チャモロ語話者が語る戦前の日本語教育 …………………41
- 3.1.1　パラオで日本語を勉強したチャモロ人兄妹……………41
- 3.1.2　公学校での生活……………………………………44
- 3.1.3　日本への留学経験…………………………………55
- 3.1.4　義塾（夜間学校）での日本語習得 ………………59
- 3.1.5　リンガフランカとしての日本語……………………63
- 3.1.6　日本人観……………………………………………65
- 3.1.7　アイデンティティ…………………………………68
- 3.1.8　チャモロ語話者が話す日本語の特徴………………71

3.2　チャモロ人以外の話者の日本語運用能力 …………………75
- 3.2.1　戦前の日本語教育を受けたカロリン人……………75
- 3.2.2　トラック出身のサイパン居住者……………………79

3.3　まとめ …………………………………………………79

第4章　「名詞＋する」の生産性…………………………81

4.1　マリアナ地域にみられる「名詞＋する」…………………81
4.2　他地域にみられる「名詞＋する」 ………………………83
4.3　第二言語習得者にみられる「名詞＋する」 ……………84
4.4　「名詞＋する」の特徴……………………………………85

第5章　「の」による修飾 ………………………………87

5.1　名詞修飾節に関する研究 ……………………………87
5.2　修飾の類型 …………………………………………88
5.3　名詞による修飾 ……………………………………90
- 5.3.1　「の」省略誤用 …………………………………90
- 5.3.2　「の」挿入誤用 …………………………………92
- 5.3.3　名詞による修飾の集計…………………………93

5.4　ナ形容詞・イ形容詞による修飾 ……………………………………93
　　5.4.1　ナ形容詞＋「の」の誤用例……………………………………93
　　5.4.2　イ形容詞＋「の」の誤用例……………………………………94
　　5.4.3　イ形容詞、ナ形容詞＋「の」の集計…………………………95
　5.5　イ形容詞とナ形容詞にギャップがみられる原因 …………………96
　　5.5.1　「名詞への類推」説 ……………………………………………96
　　5.5.2　「少数派」説 ……………………………………………………97
　　5.5.3　過剰修正説………………………………………………………97
　5.6　動詞による修飾 ………………………………………………………98
　　5.6.1　動詞＋「の」の誤用例…………………………………………98
　　5.6.2　動詞＋「の」の集計……………………………………………99
　5.7　「の」の誤用の原因 …………………………………………………100
　　5.7.1　チャモロ語の影響………………………………………………101
　　5.7.2　修飾する形式「の」の過剰般化 ………………………………101
　　5.7.3　準体助詞「の」による影響 ……………………………………102
　5.8　含意の尺度（規則性）………………………………………………103
　5.9　プロトタイプ・スキーマから考えた分析…………………………105
　　5.9.1　プロトタイプ・スキーマとは …………………………………105
　　5.9.2　プロトタイプ・スキーマからみるデータ ……………………106
　　5.9.3　NPAH から考えた分析 …………………………………………107
　5.10　まとめ………………………………………………………………109

第6章　新しく作られた文法的区別―被修飾名詞による修飾の違い―…111

　6.1　一般名詞と「とき」の違い…………………………………………111
　　6.1.1　動詞による修飾の場合…………………………………………111
　　6.1.2　名詞による修飾の場合 …………………………………………112
　　6.1.3　イ形容詞・ナ形容詞による修飾の場合 ………………………113
　6.2　一般名詞と「とき」の違いの規則性の要因………………………115

第7章　新情報を表す「でしょ」……………………………………119

- 7.1　日本語母語話者における「でしょ」の用法…………………119
  - 7.1.1　推量 …………………………………………………119
  - 7.1.2　命題確認要求 ………………………………………120
  - 7.1.3　知識確認要求 ………………………………………120
  - 7.1.4　その他の機能 ………………………………………121
- 7.2　残存日本語にみられる「でしょ」の用法……………………122
  - 7.2.1　推量 …………………………………………………123
  - 7.2.2　命題確認要求 ………………………………………124
  - 7.2.3　旧情報知識確認要求 ………………………………124
  - 7.2.4　新情報知識確認要求 ………………………………125
  - 7.2.5　列挙 …………………………………………………126
- 7.3　データにみる「でしょ」の集計………………………………126
- 7.4　「でしょ」の特徴 ………………………………………………127

第8章　残存日本語の方言的特徴……………………………………129

- 8.1　西日本・琉球の方言的特徴……………………………………129
- 8.2　先行研究における日本語変種の特徴…………………………130

第9章　サイパンのカロリン語に入った日本語……………………133

第10章　南の島々における「言語交流」……………………………147

- 10.1　周圏論と植民地遅延現象（伝播した古い日本語）…………148
- 10.2　小笠原と旧南洋地域に伝わった八丈方言……………………150
- 10.3　小笠原からパラオに伝わったハワイ語………………………152
- 10.4　小笠原に伝わったマリアナ諸島のことば……………………154
- 10.5　共通性がみられるネーミング法………………………………155
- 10.6　南洋における言語交流とその類型……………………………156

おわりに ……………………………………………………159
参考文献 ……………………………………………………163
索引 …………………………………………………………169

はじめに

　戦前のマリアナ諸島地域（サイパン、テニアン、ロタ）の最大の特徴は、他の植民地と比べて日本人住民の割合が高い点にあった。特に、人口の9割が日本人であったサイパンに住むチャモロやカロリンの人々にとっては、日本語は学校で学ぶ言語だけではなく、日常生活において使用する言語であった。そのため、彼らの日本語能力はかなり高いのである。しかし、この領域での研究はまだあまり進んではいない。

　本書は、このマリアナ地域においてフィールドワークを行い、その残存日本語の中間言語的特徴を明らかにしつつ、現地での日本語教育史をオーラルヒストリーの形でまとめたものである。マリアナ地域の残存日本語の中間言語的文法特徴として、「名詞＋する」、名詞修飾における「の」、モダリティ形式「でしょ」の運用などについての分析を行った。インフォーマントが話す日本語は変異的でありながら、一定の規則性がそこに認められるのである。

　以下、章ごとに論じる内容を概観する。

　第1章では、先行文献に基づいて、マリアナ地域の歴史と社会構造を要説した。マリアナ地域は、他の日本の統治領と比べて、圧倒的に日本人移民の数が多く、その中でも特に沖縄出身者が多いということがわかった。その沖縄出身者の多さがマリアナ地域の残存日本語に少なからず影響を与えているのである。

　第2章では、この地域でのフィールドワークの方法について具体的に述べた。

　第3章では、オーラルヒストリーとして、日本統治時代の公学校での生活、日本への留学経験、義塾（夜間学校）での日本語習得、島民たちの仕事、日本語の運用、そして日本人観についての談話を掲げつつ、当時の歴史的状況を概観した。

　第4章では、マリアナ地域の残存日本語にみられる「名詞＋する」に注目して分析を行った。この地域の日本語では、「写真した」（写真を撮った）や「学

校した」(学校に通った)のように「名詞+する」の形が非常に生産的である。これに類似する構造が現在の沖縄のウチナーヤマトゥグチ(不参加する、方言するなど)にもみられる。その相関を詳細に考察した。

　第5章では、マリアナ地域の残存日本語にみられる名詞修飾における「の」に注目して分析を行った。名詞修飾における「の」は、「名詞+の+名詞」、「名詞+名詞」、「イ形容詞+の+名詞」、「ナ形容詞+の+名詞」、「動詞+の+名詞」などの形で出現することが観察されるが、特に「勉強しているの学生」や「学生とき」のように「の」の省略や挿入による誤用が目立つのである。このような「の」の運用の背景には3つの要因があることを明らかにした。それは、まずチャモロ語の影響、そして「名詞+の+名詞」の形の過剰般化、さらには「節+の」による名詞化構造である。分析の結果、この誤用は恣意的なものではなく、合理的な、いわゆる「中間言語的な規則」であることがわかった。修飾表現に使われる「の」は最近の日本語研究でも注目を浴びているが、ここに明らかにされた実態は、その分野での研究に新しい視点を提供するはずである。

　第6章では、この修飾の「の」の使用に関する分析をさらに含めて、被修飾語が一般名詞である場合と「とき」である場合とでは、「の」の使い方が違うことを明らかにした。具体的には、一般名詞の前は「の」を使用し、「とき」の前で「の」を使用しない非常に強い傾向がみられたのである。これも、日本語習得者が自ら作り上げた中間言語的な文法規則といえる。

　第7章では、マリアナ地域の残存日本語にみられる「でしょ」の運用に注目して分析を行った。確認要求の「でしょ」は、相手が既に知っている情報だけではなく、まだ知らない「新情報」のときにも使われる。このような運用は各地の残存日本語に共通に認められ、また近年の日本の若者に増えているものである(簡2009、2011)。

　以上の4〜7章ではマリアナ地域の残存日本語における中間言語的文法特徴の分析を行った。そのような中間言語的文法特徴が生まれた要因として考えられるのは、

　　(1)マリアナ諸島では、島民同士が標準日本語とは別に日本語の変種を第二言語として運用していた。

　　(2)マリアナ地域では、特に沖縄出身者の移民が多く、現地の人々がウチ

ナーヤマトゥグチの影響を受けることが多かった。
　（３）日本語とチャモロ語では文法体系が異なるために、日本語習得の過程
　　　でチャモロ語の干渉があった。
などであるが、このような要因が複雑に作用することによって、中間言語的文法特徴が生まれたのであろう。これらの中間言語的特徴は現在の日本語教育研究や第二言語習得理論にも貴重なデータを提供するものである。
　第8章では、マリアナ地域の残存日本語にみられる「西日本・琉球方言」的特徴に関して分析を行った。真田（2007）では、旧南洋群島での残存日本語は全体として標準語的であると述べている。マリアナ地域も旧南洋群島に含まれるが、データを分析した結果、この地域の残存日本語は西日本方言や琉球方言の影響を受けていることが明らかになった。特に、沖縄出身者が圧倒的に多いという社会構造から、沖縄出身者の話す沖縄のことば（ウチナーヤマトゥグチ）がマリアナ地域の残存日本語に強い影響を与えているのである。
　第9章では、現代のカロリン語で使われている日本語起源の借用語の使用実態（世代差など）や意味及び発音の変化について考察する。
　第10章では、マリアナ諸島とパラオ、さらに小笠原諸島との間で起きた「言語交流」を検証し、南洋の島々における言語変種の共通性について指摘した。

第1章
マリアナ諸島の歴史的背景

1.1 日本による委任統治

マリアナ諸島地域の委任統治の歴史に関しては、宮脇弘幸氏による詳しい紹介がある（宮脇2006）ので、その概要を以下に引用させていただく。

　　南洋群島は、1914年7月西ヨーロッパで第一次世界大戦が勃発すると、同年8月、日本は日英同盟に基づき連合国の一員として参戦し、10月には日本帝国海軍が独領南洋群島のほぼ全域を占領し、大戦が終結（1918年）した翌年、対独平和条約により赤道以北の旧独領を平和条約第22条に準拠して同盟・連合国よりC式の統治が委任された地域である。[1] 以後、1945年の日本の敗戦まで、日本はこの地域を「受任国領土の構成部分」として施政を行うとともに、南方支配の拠点とした。地理的には、赤道以北の旧独領マリアナ、カロリン、マーシャルの3群島を総称し、総面積は東京都にほぼ等しく1400余りの島々からなる海洋地域である。
　　日本海軍は南洋群島の全域を占領すると、トラック諸島夏島（現デュブロン島）に防備隊司令部を置き、全群島をサイパン、パラオ、トラック、ポナペ、ヤルートの5軍政区に分け、各区に守備隊を、またアンガウル、ヤップ、クサイに分遣隊を置き軍政を施行した。1922年には防備隊条例を廃止し軍隊を撤去し、パラオ諸島・コロール島に南洋庁を設置し、サイパン、パラオ、ヤップ、トラック、ポナペ、ヤルートの6支庁を設置した。

1　C式委任統治とは、「受任国領土の構成部分として其の国法の下に施政を行う」もので、A式、B式より「文明度」が低いとされる地域に適用され、施政年報を毎年、国際連盟理事会に提出する義務を負った。

1.2 日本人のマリアナ地域への移民

図1で、線で囲まれた地域は戦前の南洋庁の支配域を示している。以下、サイパンとテニアンにおける日本人の移民について、沖縄テニアン会編（2001）に基づき、概観する。

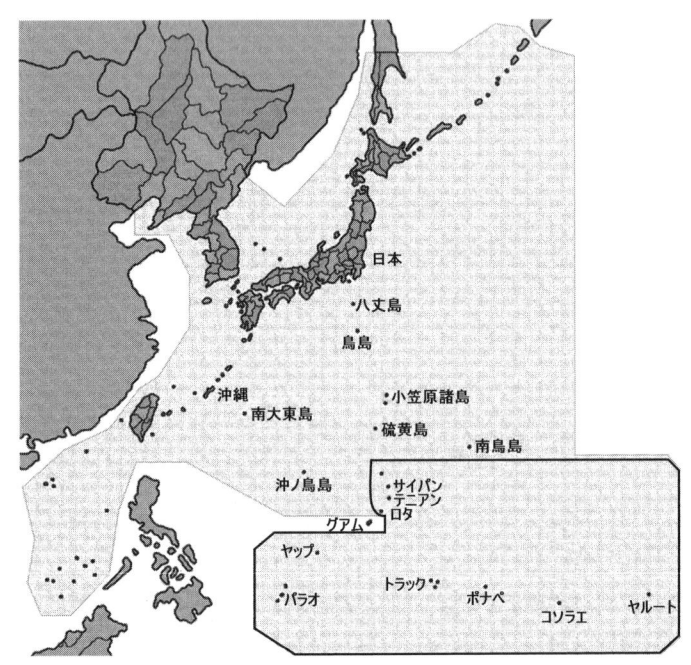

図1　ミクロネシア地域（太線は旧南洋庁、塗りつぶし部分は日本帝国全域）

1.2.1　サイパン島への移民

サイパンでは、以下の3つの事業に関連して日本人の移民が進んだ。1つ目は、西村会社の事業である。1916年に西村一松が南洋のクジラ漁場調査のためにサイパンを訪問し、島の南部地域において糖業を行った方が得策だと判断した。このとき、サイパン島には原住民が約2500人、日本の海軍と南洋貿易株式会社のスタッフとあわせて、日本人が約20人いただけであった。その後、1917年にはサイパン島に西村製糖所を設立し、日本と朝鮮から農業労働者を約500

人動員して、1919年から製糖を開始した。同年、会社を西村拓殖株式会社と改称した。しかし、1920年までにサトウキビの生産は完全に失敗した。2つ目は、南洋殖産株式会社の事業である。この会社は、1917年にサイパンの北部でサトウキビ生産を開始し、八丈島から約300人の移民を迎え入れた。しかし、1920年までに失敗に終わった。3つ目は、南洋興発の事業展開である。1921年2月に松江春次がサイパン・テニアン島の調査を行い、東京に戻って東洋拓殖株式会社と交渉した結果、同社の出資で、サイパン・テニアン島で製糖事業を行うことが決まった。同年8月、松江春次と東洋拓殖会社のスタッフは、サイパン・テニアン島で再び調査を行い、同年12月、南洋興発株式会社を設立した。設立時、東洋拓殖株式会社の融資で、以前サイパンで製糖業を行って失敗した西村拓殖会社の負債を整理し、会社の名前を改称して南洋興発株式会社とした。同時に西村拓殖会社が所有していたテニアン島の借地権をも継承した。1922年1月から工場建設、農場開拓、鉄道建設工事に着手し、同年6月には沖縄から540人の移民を迎え入れた。これは南洋興発としては初めての移民募集であり、1922年中には合計2000人の移民を動員し、移民労働者は合計3000人となった。1923年にはサイパンの島内に42マイルの鉄道が完成した。そして、1925年には砂糖の大量生産に成功し、以後、安定した発展をとげ、農場の拡大、移民の増加が進んだ。1926年までには島内の鉄道を延長して、計50マイル（約80キロ）となった。同年2月、南洋興発株式会社の内部に臨時テニアン調査課を設置し、テニアン開拓の準備を始めた。

1.2.2 テニアン島への移民

　テニアン島は、日本海軍がミクロネシアを占領した頃、人間は誰もおらず、スペイン占領時代に飼育されていた牛、豚、鶏が野生化して生息しているのみであった。その後、4つの事業の進出によって移民が進んだ。1つ目は、喜多合名会社によるテニアンへの進出である。1916年、喜多合名会社は松井伝次郎を南洋に派遣し、海軍政庁にテニアン島における牧畜経営を申請したが許可されなかったので、目的を椰子栽培に変えたところ許可され、同年11月に日本人4人と、サイパンから連れていった原住民の約20人が開拓を始め、10万個の椰子を移し入れた。1918年の1月と2月に日本から約100人、サイパン島および

ロタ島の原住民約300人、計約400人の労働者を動員し、密林の開墾を行い、椰子の植え付けを開始した。1919年の3月までは椰子は順調に生育したが、6月頃から干ばつなどの天災にあい、椰子園を全部焼き払う結果となった。そのため、移民のほとんどは日本へ引き上げ、ごく少数の者がサイパンに移動した。原住民のほとんどもサイパンやロタに戻り、農場はしばらく放置されたが、1921年5月から綿花栽培に事業を切り替え、改めてサイパン島から原住民の農業労働者を動員して経営したところ順調に収穫することができた。その後、1926年10月に喜多合名会社はテニアン島における諸権利のすべてを南洋興発株式会社に売却した。2つ目は、サイパンでも事業を展開していた西村拓殖会社である。1917年にテニアン島の北部チューロに牧場用地を政府から借地したが、事業は展開せず、後に南洋興発株式会社にその権利を売却した。3つ目は、南洋殖産株式会社の進出である。1918年12月にテニアン出張所事務所をカーヒーに設置し、サトウキビの試験栽培を行った。また、密林の中に数本の道路を建設したが、資金が不足し、のちに南洋興発株式会社に諸権利すべてを売却した。4つ目は、南洋興発株式会社である。1921年、サイパン島において製糖事業を開始したときにテニアン島における農場の借地権を、西村拓殖株式会社および南洋殖産株式会社から買収した。1926年5月にサイパンの南洋興発株式会社内に臨時テニアン調査課を設置して、ソンソンに仮事務所および宿泊所を建設した。同年10月には喜多合名会社からテニアン島における諸権利のすべてを買収した。これにより、テニアン島全域が南洋興発の管理地域になった。1927年8月にはサイパンの小作農家12戸がテニアンに移住した。1928年には農場の開拓とサトウキビの植え付け、鉄道の建設、工場の建設が同時に進められたため、多数の労働者移民がサイパンや日本から動員された。そして、1930年1月には1200トンの製糖工場が完成し、製糖が開始された。

1.3 日本語による教育

ここで対象にする旧南洋群島には、1914年に「南洋群島防備隊条例」を発布して、南洋群島を区分したサイパン・パラオ・トラック・ポナペ・ヤルートの5民政区と、1922年に、南洋群島防備隊条例を廃止し、パラオ諸島コロール島

に「南洋庁」を設置したときに加えられたヤップを含む。

　マリアナ地域で日本統治下に行われた教育は旧南洋群島の教育制度と同様である。宮脇（1995）には日本統治下の教育制度・教育目標、教育機関、教材・教育内容についてのまとめがある。以下、そこで述べられていることに基づいて、マリアナ地域を含む旧南洋群島の日本語教育史について概観したい。

　教育制度・教育目標に関して、南洋群島教育は、軍政時代（1914年12月～1918年8月）、民政時代（1918年9月～1922年3月）、南洋庁時代（1922年4月～1943年半ば）に区分される。以下、軍政時代、民政時代、南洋庁時代それぞれの教育状況について要説する。

1.3.1　軍政時代

　軍政時代の島民教育は、日本軍占領直後にサイパン、ヤップ、パラオの各守備隊の将兵によって試験的に小規模で行われ、各守備隊所在地に開設された8歳以上12歳以下の4年制の島民小学校と、守備隊が配置されていない島の寺子屋式学校があった。1915年9月9日には、「教育は主として日本語」「生活に必要な簡易知識」「教科目は日本語、修身、算術、唱歌、体操」などの方針を掲げたが、これがその後定められた島民教育に関する諸規定の基礎となった。また、防備隊司令部は、確固たる制度確立のため、31条からなる「南洋群島小学校規則」、並びに指導要領的性格を持つ「小学校教則並学級編成に関する件」を発布した。1916年1月に発布された「小学校教員心得に関する訓示」は、島民を同化させ、皇国臣民化することを群島教育の使命にするものであった。さらに、「皇恩の無窮」「皇国臣民としての自覚」を促すために、宮城遙拝、国旗掲揚、君が代斉唱を学校行事化するための内訓（臨南防第1号の2-1916（大正5）年1月3日）が示され、軍政下の1915年12月27日、サイパン、ヤップ、パラオ、トラック、ポナペの各守備隊の所在地に4年制の島民小学校が開校した。

1.3.2　民政時代

　1918年に「南洋群島島民学校規則」（全文45条）が定められ、従来の「小学校」を「島民学校」と改称した。また、皇恩を感受せしめることを主眼にしたこと（第1条）、修業年限を4年から3年に短縮し、2年以内の補習科課程設置を可

能にしたこと（第3条）、教科目のうち地理・歴史・理科を本科課程から削除し、それを補習課程に移したこと（第4条）などが新たに改正された。さらに、「小学校規則」で学校行事として掲げられていた「宮城遙拝、国旗掲揚、君が代斉唱」は、「祝日に、君が代、祝日に関する訓話、祝日唱歌」（第30条）へと変えられた。

1.3.3 南洋庁時代

　従来の「島民学校」から「公学校」に改称され、「公学校」を「国語を常用せざる児童に普通教育を授くる所」と規定し（「南洋庁公学校官制」1922（大正11）年3月31日―勅令第114号）、現地日本人学校「国語を常用する児童に普通教育を授くる所」と区別した。また、「南洋庁公学校規則」（全文41条）が新たに規定されたが、これは国際連盟から委任された信頼され得る統治であることを意識してのものであった。「祝日に、君が代、祝日に関する訓話、祝日唱歌」は、「紀元節、天長節祝日及1月1日には君が代合唱、祝日に関する訓話、祝日唱歌合唱」となり、儀式の日が特定された。

　1926年には公学校補習科を卒業して各支庁から選抜された生徒を対象に建築土木の技術を教える木工徒弟養成所がパラオのコロール公学校に附設されたほか、熱帯産業研究所、農事講習所など実業教育を目的とする機関も設置された。

　1928年に「公学校規則」が改正され、本科教科目に理科が、補習科に地理が追加された。

　1940年には社会教育として南洋群島内26の公学校所在地に「国語練習所」が1つずつ開設され、少年部、成人部、補習部が設けられ、日常会話、読み書き、綴り方、精神訓話などが教えられた。この「国語練習所」は、1943年に拡充強化されて「島民練成所」と改称され、国語の普及、国民礼法、作業、修練、生活指導等を授けつつ、練成強化が図られた。

1.3.4 教材と教育内容

　教科書は、「南洋群島国語読本」が使用されており、その内容は、日本語教材、算術、自然、地理、歴史、修身などが組み込まれた統合教科書であった。文字は、片仮名から始まり、平仮名、漢字の順に導入され、表記は言文一致体

とされた。教科書は、南洋の風土、生活などを扱ったものを挿んで編纂されているが、同化政策の手段として使われていたので、「靖国神社」「神風」などの語彙が取り入れられて、島民に「国体尊厳・日本文化」を感じさせるような配慮がなされた。

「国語読本」の第一次編纂では、片仮名（表音式仮名遣い）を本体として、簡易な漢字を配し、口語体で統一した。第二次編纂では、平仮名（表音式仮名遣い）を加えて、文体においては口語敬体専用とした。第三次編纂では、文字、仮名遣いなどは以前と同じだが、平仮名と漢字の学習を早め、その数も増やし、さらに難しい熟語も取り入れられた。文体は、文章体を取り入れた。第四次編纂では、教材を増加して内容の充実を図り、学習しやすくしている。仮名は、片仮名を4割、平仮名を6割とし、漢字の数を300字に減らし、300字以外の漢字には振り仮名を付けた。文体は、引き続き口語敬体を中心とし、補習科用には、若干の口語常体を取り入れた。第五次編纂では、昭和16年より、編纂に従事する常置職員を配備し、教科用図書の調査・研究・編纂・改訂などを行った。

1.4　現地住民と日本人の接触

これまで、旧南洋群島の残存日本語研究は、主にサイパン以外のヤップ、パラオ、トラックなどの旧南洋群島で行われてきた。しかし、日本人の入植比率をマリアナ地域と他の旧南洋群島とで比べると明らかにマリアナ地域での日本人入植率が高い。このことは、南洋庁編（1930）、南洋庁編（1934）の人口統計資料をみると明らかである。サイパンやテニアンなどのマリアナ地域で暮らす現地住民に日本語の影響を与えた日本人の入植率を比較することで、旧南洋群島の他の島と比べマリアナ地域がどれだけ日本語に接し、影響を受けていたかを知ることができる。

南洋庁編（1930）、南洋庁編（1934）の資料は、旧南洋群島が南洋庁に統治され、サイパン、ヤップ、パラオ、トラック、ポナペ、ヤルートに支庁が置かれたときの資料のため、この資料の区分も6つの支庁区分別にまとめられている。われわれは、支庁区分別にまとめられたこの人口統計資料の数値を円グラフにし、他の旧南洋群島の人口比率を比較しやすく示すことを試みた。

1.4.1 人口統計資料から推測される日本人の影響

 以下、南洋庁編 (1930)、南洋庁編 (1934) から、旧南洋群島のサイパン、ヤップ、パラオ、トラック、ポナペ、ヤルート各支庁の各主要島別における、日本人、チャモロ人、カロリン人（図では当時の言い方「カナカ人」を用いる）、朝鮮人の人口統計をみていく。

サイパン支庁

 サイパン支庁の主要な島は、サイパン島、テニアン島、ロタ島である。この3つの島の民族別の人口統計資料をみる。

 図2で示したように、サイパン島では日本人13557名(80%)、チャモロ人2311名（13.6%）、カナカ人882名（5.2%）、朝鮮人197名（1.2%）であった。

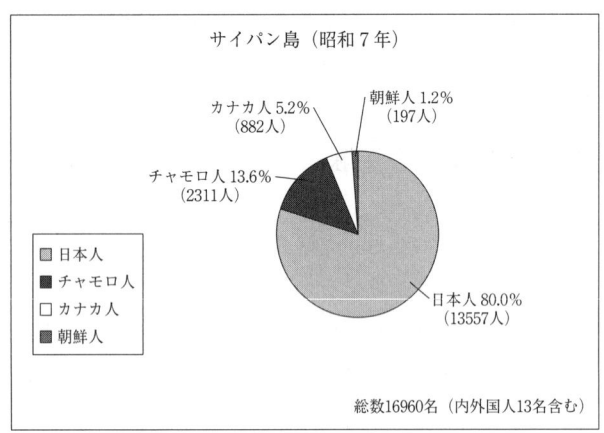

図2　サイパン島の民族別人口

 また、同じ行政区であるテニアン島では、図3で示したように日本人7502名(99.1%)、チャモロ人21名（0.3%）、朝鮮人46名（0.6%）であった。

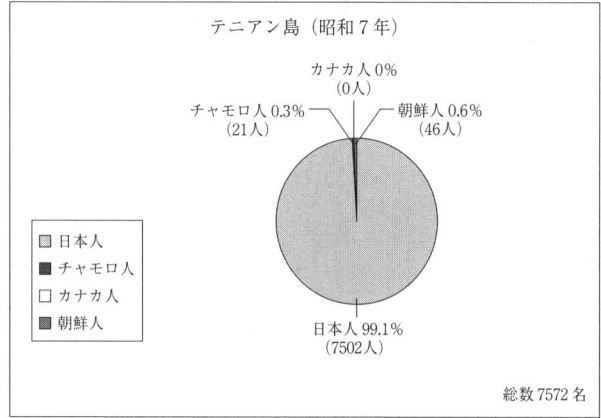

図3　テニアン島の民族別人口

　図4で示したように、ロタ島では日本人449名（39.2%）、チャモロ人688名（60%）、カナカ人3名（0.3%）、朝鮮人6名（0.5%）であった。以上からサイパン支庁の中では、ロタは現地住民であるチャモロ人の人口が多かったことがわかる。

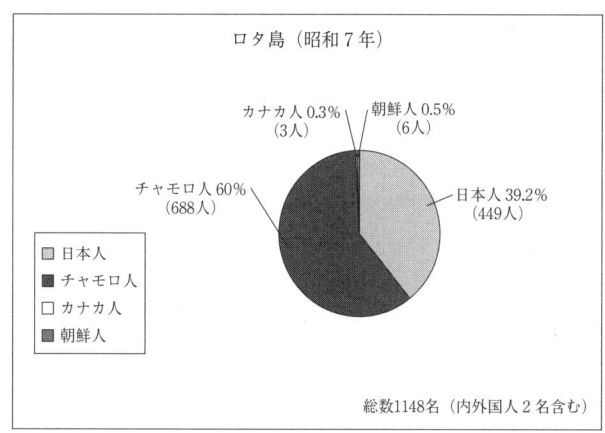

図4　ロタ島の民族別人口

ヤップ支庁

　図5で示したように、ヤップ島では日本人289名（7％）、チャモロ人148名（3.6%）、カナカ人3662名（89.3%）、朝鮮人4名（0.1％）であった。

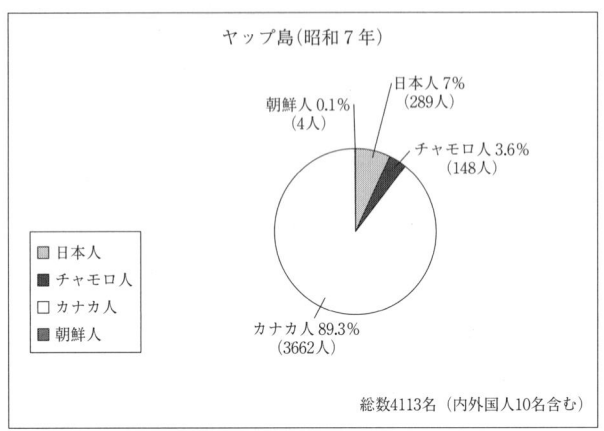

図5　ヤップ島の民族別人口

トラック支庁

　トラック支庁は大小の島が多数あり、その中の春島、夏島、秋島、冬島、月曜島、水曜島、金曜島をまとめてトラック支庁とし、昭和7年における人口統計を下の円グラフにした。図6で示したように、トラック支庁では、日本人908名（9.99%）、チャモロ人3名（0.03%）、カナカ人8173名（89.94%）、朝鮮人3名（0.03%）であった。

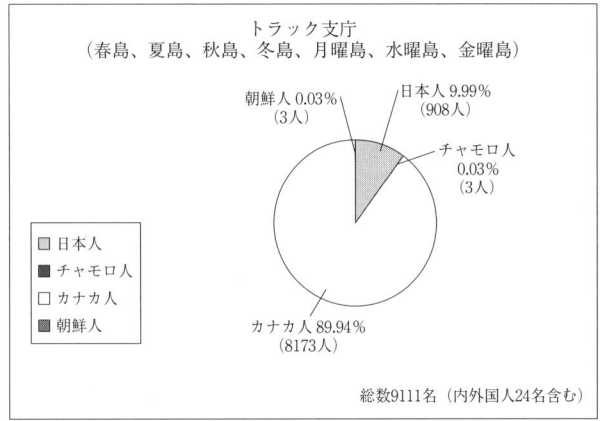

図6　トラック支庁の民族別人口

ポナペ支庁

ポナペ支庁の主要な島であるポナペ島とクサイ島の人口統計を円グラフに示した。

図7で示したように、ポナペ島では日本人1276名（19.6％）、チャモロ人45名（0.7％）、カナカ人5187名（79.6％）、朝鮮人5名（0.1％）であった。

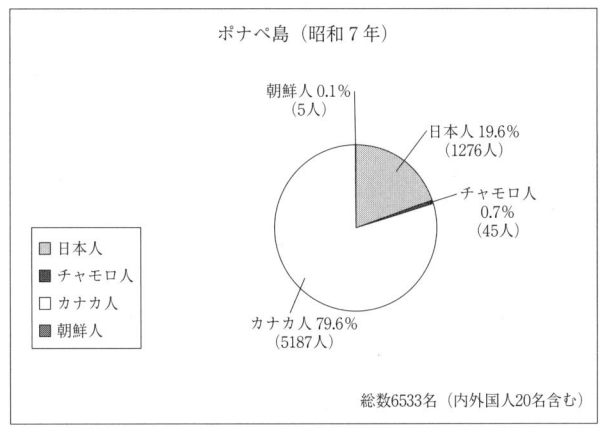

図7　ポナペ島の民族別人口

図8で示したように、クサイ島では日本人54名（4.7%）、カナカ人1090名（95.3%）であった。

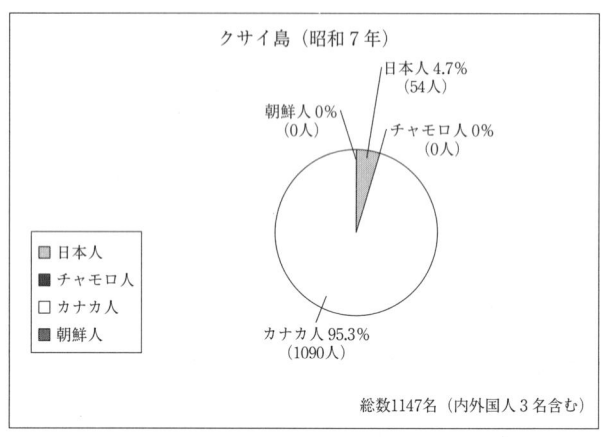

図8　クサイ島の民族別人口

パラオ支庁

　パラオ支庁の主要な島であるパラオ島（当時は「本島」と呼ばれ、現在はバベルダオブ島）、コロール島、アンガウル島に分け、それぞれの人口統計を円グラフにした。

　図9で示したように、パラオ島では日本人173名（5.1%）、チャモロ人61名（1.8%）、カナカ人3174名（93.1%）、朝鮮人2名（0.1%）であった。

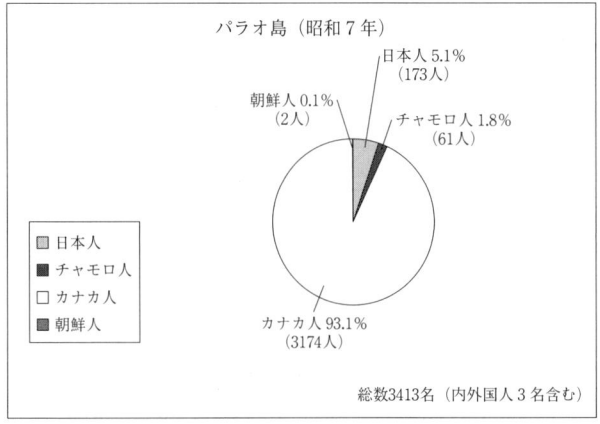

図9　パラオ本島（バベルバオブ）の民族別人口

　図10で示したように、コロール島では日本人2263名（79%）、カナカ人590名（20.6%）、朝鮮人13名（0.5%）であった。

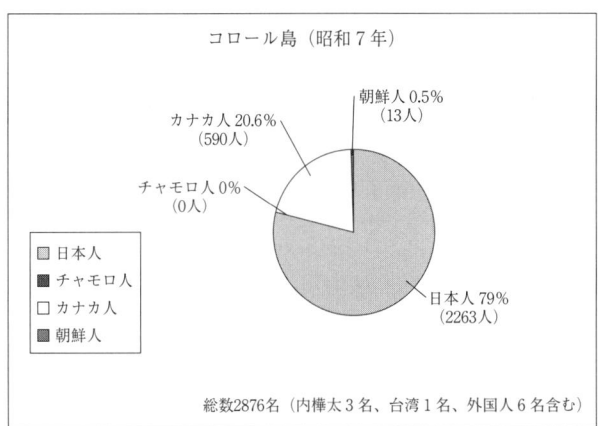

図10　コロール島の民族別人口

　図11で示したように、アンガウル島では日本人291名（30%）、チャモロ人108名（11.1%）、カナカ人571名（58.8%）、朝鮮人1名（0.1%）であった。

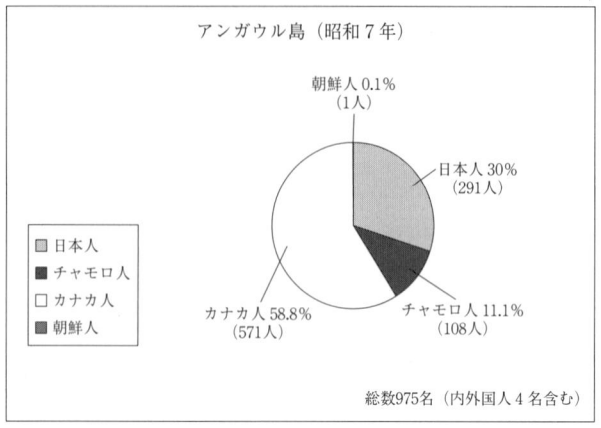

図11　アンガウル島の民族別人口

ヤルート支庁

　図12で示したように、ヤルート島では日本人448名（25.8%）、カナカ人1291名（74.2%）であった。

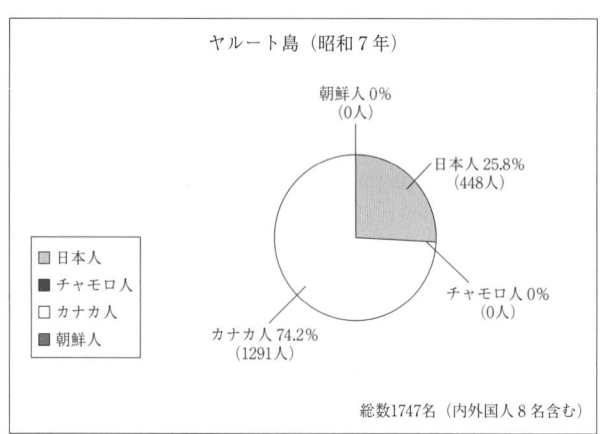

図12　ヤルート島の民族別人口

1.4.2　人口統計からみる日本語方言話者の影響

　以上みたように、サイパンなどマリアナ諸島は、パラオ、あるいはマーシャル諸島のヤルート、ミクロネシアのトラックやポナペ、ヤップに比べて島民の人口が少なかった（図13）。しかし、島の言語状況に影響を与えた最大の要因は、日本人開拓者の多さである。絶対数にしても、サイパンの方は断然トップだったが（図14）、割合からみてもサイパンは南洋庁の中で独特な生活環境だったことがわかる。1930年代後半には、サイパンの人口のほとんどが日本人であった（図15）。それだけに、島民（チャモロ人、カロリン人＝カナカ人）は日本人と接触する機会が多かったので、旧南洋地域の中でサイパンの日本語は独特な地位を占めている可能性が高いと思われる。

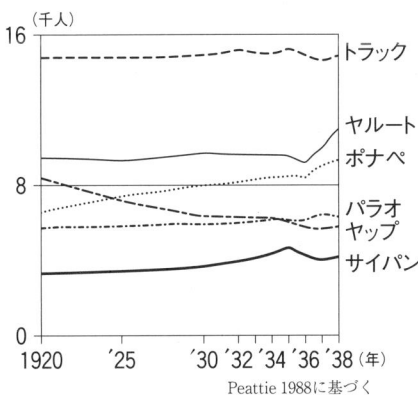

図13　島民人口

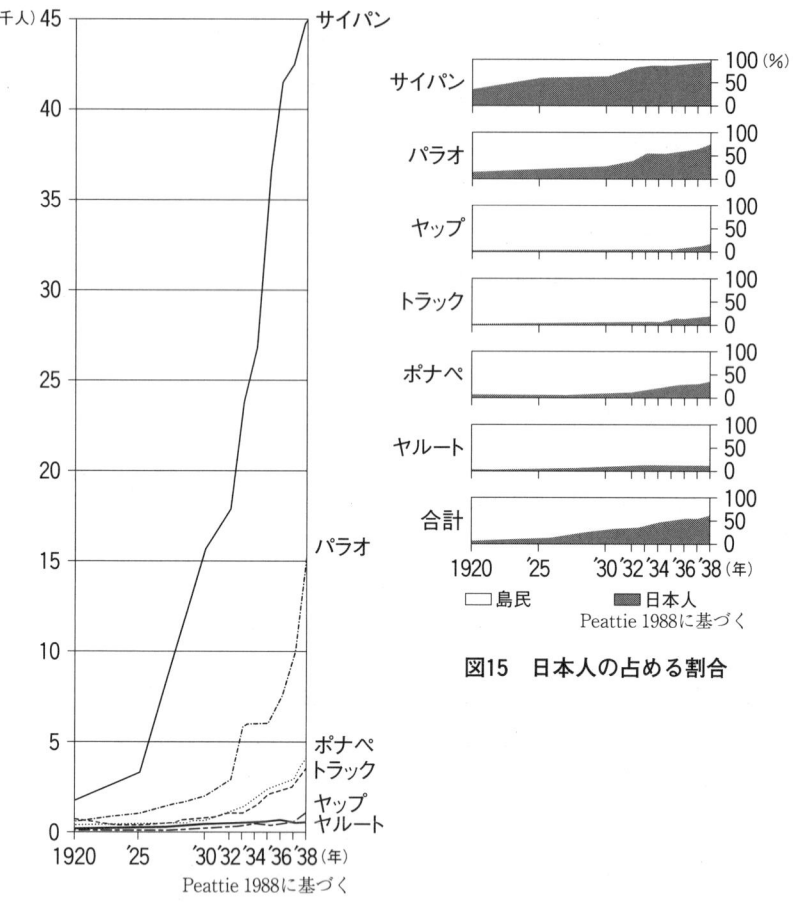

図14 日本人入植者の人口

図15 日本人の占める割合

1.4.3 日本人住民の出身地

　南洋庁編（1930）、南洋庁編（1934）には、旧南洋群島の各支庁の主要島別に人口統計が記載されているが、他にも支庁別の日本人の本籍別の人口統計資料がある。この本籍別の人口統計資料を円グラフ化[2] することで、サイパン支庁においてどこの出身者が多いかを知ることができる。また、そのことで、現地の人々に対して日本語のどの方言が影響しているかを知ることができる。

サイパン支庁

　図16で示されているサイパン支庁の本籍別の人口統計資料をみると、最も人口比率の多いのは沖縄出身者で、13595名であり、全体の62.4％を占めている。次に多いのは、東京出身者2270名であり、全体の10.4％である。そして、福島出身者1221名（全体の5.6％）、鹿児島出身者895名（全体の4.1％）と続く。

　沖縄の出身者が多い背景として、当時サイパン支庁では南洋興発が中心となってサトウキビ産業が盛んであったことが挙げられる。その働き手としてサトウキビの栽培に慣れている沖縄の人が多く移民として来たのである。次に多い東京出身者はサイパン支庁の行政にかかわる人が多く、福島出身者は松江春次の出身地ということがあり、南洋興発の職員として働いていた者が多かったと考えられる。

　このように、サイパン支庁の人口の６割近くが沖縄出身者であったため、沖縄出身者の話すことば[3]が現地住民のチャモロ人、カロリン人の話す日本語に影響を与えたのではないかと考えられるのである。

2　南洋庁編の本籍別人口統計資料から円グラフを作成するに当たって、出身者の多い出身地４つ（あまり変わらない数の場合５つ）を選んで図にした。その他の出身地はまとめて示した。

3　ここでは、沖縄で話されているウチナーヤマトゥグチや奄美群島で話されているトン普通語などを含む。

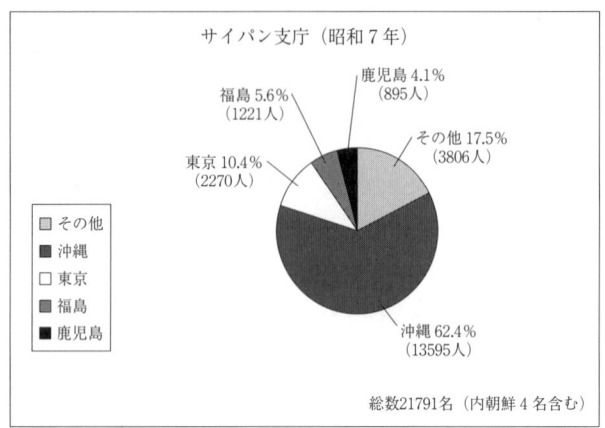

図16　サイパン支庁の日本人出身別人口

ヤップ支庁

　図17で示したヤップ支庁の本籍別の人口統計資料をみると、最も人口比率の多いのは沖縄出身者で、38名（12.7%）であり、次いで、東京出身者36名（12%）、そして、佐賀出身者19名（6.4%）、三重出身者16名（5.4%）となっている。

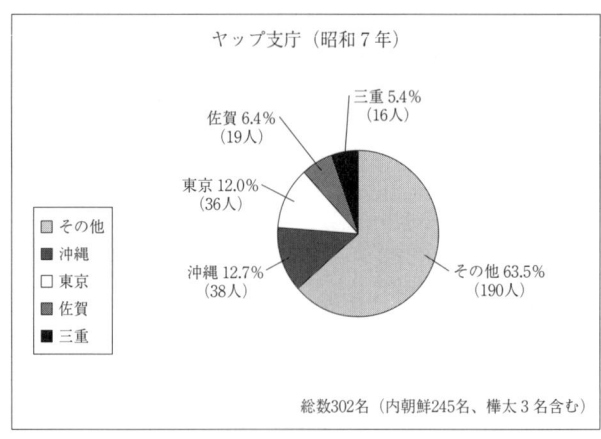

図17　ヤップ支庁の日本人出身別人口

トラック支庁

　図18で示したトラック支庁の本籍別の人口統計資料をみると、最も人口比率の多かったのは沖縄出身者で、502名（48.6%）、次いで静岡出身者48名（4.7%）、東京出身者42名（4.1%）、佐賀出身者35名（3.4%）となっている。

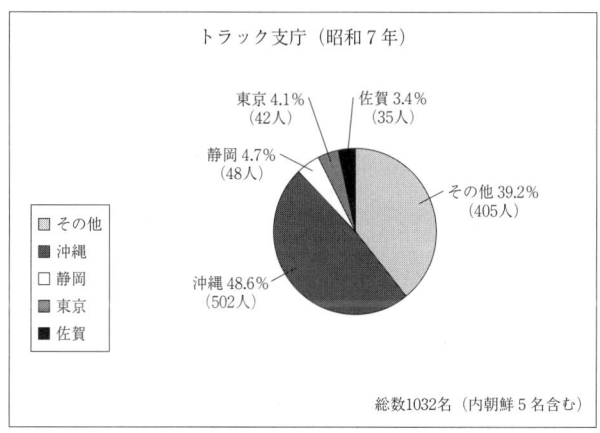

図18　トラック支庁の日本人出身別人口

ポナペ支庁

　図19で示したポナペ支庁の本籍別の人口統計資料をみると、最も人口比率の多かったのは沖縄出身者で、458名（34.2%）である。次いで東京出身者135名（10.1%）、広島出身者72名（5.4%）、静岡出身者47名（3.5%）、福岡出身者45名（3.4%）となっている。

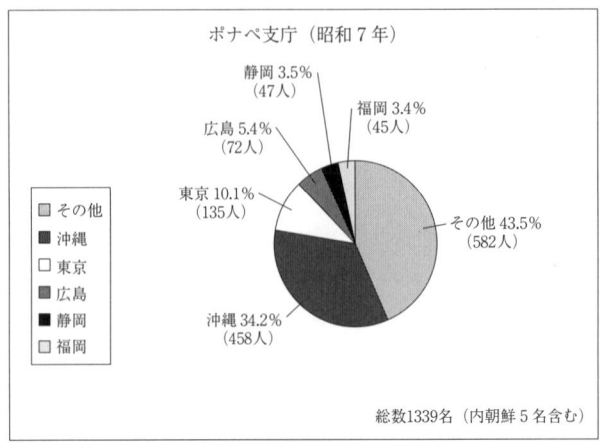

図19　ポナペ支庁の日本人出身別人口

パラオ支庁

　図20で示したパラオ支庁の本籍別の人口統計資料をみると、最も人口比率の多かったのは沖縄出身者で、1184名（35.4%）を占めている。次いで、東京出身者199名（5.9%）、福岡出身者135名（4%）、静岡出身者113名（3.4%）、北海道出身者92名（2.7%）となっている。

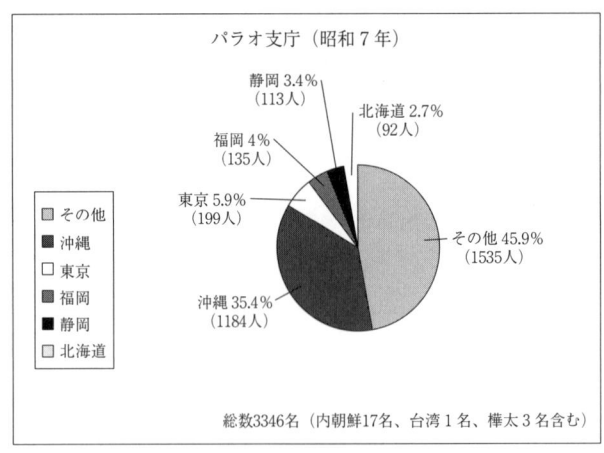

図20　パラオ支庁の日本人出身別人口

ヤルート支庁

　図21で示したヤルート支庁の本籍別の人口統計資料をみると、最も人口比率の多かったのは沖縄出身者で、167名（34.2%）を占めている。次いで、東京出身者31名（6.4%）、神奈川出身者20名（4.1%）、千葉出身者19名（3.9%）、和歌山出身者17名（3.5%）となっている。

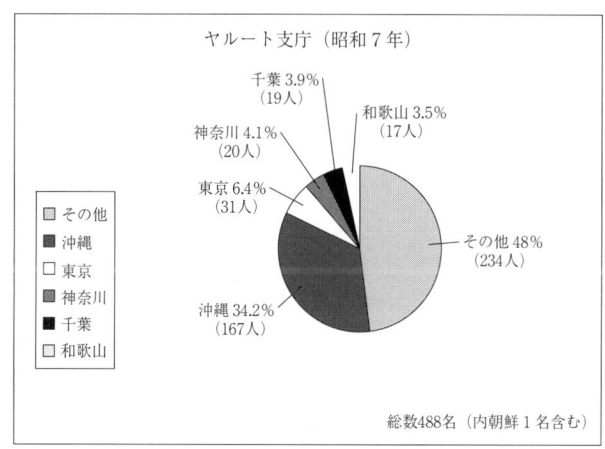

図21　ヤルート支庁の日本人出身別人口

　以上、南洋庁編（1930）、南洋庁編（1934）の人口統計資料から、旧南洋群島の6支庁（サイパン、ヤップ、トラック、ポナペ、パラオ、ヤルート）における各主要島別における、日本人、チャモロ人、カロリン人、朝鮮人の人口統計の割合をみた。また、支庁別の本籍別人口統計資料からその割合をみた。今回われわれが調査を行ったマリアナ地域はサイパン支庁に属しており、サイパン支庁と他の支庁の人口統計資料を比較してみると、旧南洋群島の6支庁の中で特にサイパン支庁において日本人の割合が多く、日本語の影響が他の支庁に比べて強いのではないかと考えられる。また、本籍別の人口統計資料によれば、他の支庁に比べて圧倒的にサイパン支庁において沖縄出身者が多いことがわかった。この点から、サイパン支庁に属するマリアナ地域においては特に沖縄の方言（ウチナーヤマトゥグチ）の影響が強いのではないかと考えられるのである。これに関しては、後述の西日本・琉球の方言のところ（第8章）で検討することにしたい。

第 2 章
研究の概説

2.1 先行研究

　本書のテーマと関係するこれまでの研究を概観する。真田（2007）には、戦前・戦中に日本語を習得し、現在でもその日本語能力を保持している人を対象にした東アジア地域（旧南洋群島、台湾、サハリンなど）の旧統治領での日本語教育の実態調査に基づいて、東アジア地域の残存日本語と日本語諸方言との相関に関する実態が明らかにされている。台湾に関しては、簡（2005、2006、2007、2009、2011）において、台湾日本語の一人称代名詞の運用、モダリィティ形式の「でしょ」の運用などが詳しく述べられている。サハリンに関しては、朝日（2004、2005）において調査の報告がなされている。

　マリアナ地域が含まれる旧南洋群島に関する研究に注目してみてみると、主にその研究対象はヤップ、ポナペ、チュークなどの現在のミクロネシア連邦の島々を対象とするものが中心であり、具体的には、渋谷勝己(1995)、土岐哲(2000)、Hayashi, Brenda（1995）などがある。サイパンに関しては、宮脇弘幸（1995）があり、そこでは、サイパン、テニアン、ポナペ、トラック、サタワンでのフィールドワークによる聞き取り調査の結果が報告されている。

　しかし、マリアナ地域については、他の南洋群島の研究と比べ、圧倒的にその研究が少ないのである。そのために、われわれは、サイパンを中心とする北マリアナ連邦の島々の残存日本語を対象に調査を実施したのである。

　本書は、その調査結果を報告するものである。

2.2 「中間言語」の定義

　ここでは、まず「中間言語」という用語の定義について言及したい。中間言語というとき、第二言語習得者の話す日本語（正用、誤用含む）のすべてを表す

場合と、第二言語習得者の話す日本語の誤用のみを表す場合がある。また、第二言語習得者の誤用の中には、規則的ではない個人的なものや恣意的なものがある。規則的な変異の特徴としては、母語の干渉によるもの、目標言語の過剰般化によるもの、原因のはっきりしないものなどが存在する（図22）。また、そこには普遍文法による可能性なども指摘されている。

今回、われわれが対象とするマリアナ地域の残存日本語における「中間言語」という用語は、第二言語習得者の話す日本語の誤用の中での、規則性のあるもの、規則的な変異によって発生するものにその内容を限定して用いることにする。

非母語話者がもつ第二言語の言語体系（広義の「中間言語」）								
正用	誤用							
	恣意的な誤用	規則的な誤用						
		原因が母語にある			原因が目標言語にある		その他の原因（分析的な方向への変化）	原因不明
		母語干渉(負の転移)		過剰識別	パラダイムの合理化	過剰般化	(その他…)	
		間接的干渉	直接的干渉（直訳）					

図22　中間言語の下位分類（ロング2010から）

2.3　調査の実施

マリアナ地域では、現在も年配の人々が日本語を流暢に運用している。われわれはサイパン、テニアンにおいて日本統治時代に教育を受けた人々の話す残存日本語を対象に、現地で聞き取り調査を行ってきた。本書では、その聞き取り調査で得られたデータの分析を行うことで、マリアナ地域における中間言語的文法特徴を明らかにしていきたい。

サイパンでの調査は、2002年12月、2004年3月、2005年9月、2006年4月、2006年9月、2008年6月の計6回にわたって行った。現地のマナムコセンターというデイケアセンターにいる、言語形成期を日本統治時代に過ごした年配の方々にお話を聞かせてもらったほか、サイパン支庁の議会議員である Cinta

写真1　テアニンで調査を行う新井と話者

写真2　テニアンでの新井、ロング、地元の話者

Kaipat の協力で、数人のインフォーマントを紹介してもらった。その他、調査に協力したインフォーマントからさらに他のインフォーマントを紹介してもらうこともあった。調査は、半構造的インタビュー法 (semi-structured interview method) を用いて行った。それは、調査者がいくつか用意した質問をインフォーマントに尋ね、その範囲内でインフォーマントに自由に話してもらうという方法である。

　テニアンでの調査は、2006年9月、2007年6月の計2回行った。2006年9月

の調査ではテニアンにある小学校の Carmen Farrell の協力によって数人のインフォーマントの話が聞けた。調査方法は、サイパンの場合と同様、半構造的インタビュー法である。2007年6月の調査では、沖縄県人会主催の慰霊祭に参加し、日本統治時代にテニアンで暮らしていた沖縄出身者、八丈島出身者から話を聞かせてもらうことができ、当時の日本人の立場から見たサイパンとテニアンでの状況について詳しく知ることができた。

2.4 インフォーマント

表1で、調査に協力していただいた16人のインフォーマントの方々の名前(略称)、調査地、性別、(調査時の)年齢、公学校（小学校も含む）の在学年数、出身地、そして、各自のエスニック・グループについて紹介する。なお、これらの情報の公開についてはインフォーマントから許諾を得ている。

表1　インフォーマント

名前	調査地(調査年)	性別	年齢	在学年数	出身地	エスニック・グループ
RC	サイパン (2004)	女	73歳	2年	サイパン	カロリン
VS	サイパン (2004)	男	88歳	5年	サイパン	チャモロ
VSA	サイパン (2004)	女	82歳	5年	サイパン	チャモロ
MV	サイパン (2004)	男	80歳	6年	サイパン	チャモロ
EC	サイパン (2004)	女	74歳	3年	サイパン	チャモロ
BP	サイパン (2005)	男	72歳	3年	トラック	トラック
JS	サイパン (2006)	男	77歳	6年	サイパン	チャモロ
VC	サイパン (2006)	男	87歳	6年	サイパン	チャモロ
SB	サイパン (2006)	男	81歳	3年	サイパン	チャモロ（母：日本人）
JJ	サイパン (2006)	女	78歳	8年	サイパン	チャモロ（父：日本人）
JB	サイパン (2006)	男	83歳	8年	サイパン	チャモロ
FA	テニアン (2006)	女	78歳	3年	サイパン	チャモロ
AB	テニアン (2006)	男	78歳	8年	テニアン	チャモロ（父：日本人）
CK	テニアン (2006)	女	87歳	1年	ロタ	チャモロ（父：朝鮮人）
ME	テニアン (2006)	女	72歳	1ヶ月	ロタ	チャモロ（父：朝鮮人）
JD	サイパン (2008)	男	79歳	5年	サイパン	チャモロ

2.5 分析対象とする項目

　本書で、マリアナ地域での残存日本語における分析の主な対象とするのは、以下の 4 つの文法的項目である。

　　・「名詞＋する」
　　・名詞修飾における「の」
　　・「でしょ」の運用
　　・西日本・琉球方言とのかかわり

　これらの項目は、調査で得られた音声データを文字化していく過程でその特徴が注目されたものである。インフォーマントたちの話す日本語の、いわゆる誤用は、いずれも恣意的なものではなく、それは変異的でありながら、かなり規則性を持ったものであることが認められたのである。以下、本書では、これらの特徴を具体的に分析するなかで、マリアナ地域における残存日本語の中間言語的特徴を明らかにすることを試みたい。

第3章
オーラルヒストリーからみる実態

　本章では、サイパン島民を対象とした残存日本語の聞き取り調査から得られた数人のデータを紹介する。サイパン島民のマナムコ（チャモロ語で「お年寄り」を意味する尊敬語）の面接調査のデータから得られる情報は2種類ある。1つは、「形式」のデータで、もう1つは「内容」のデータである。前者は、彼らが「どのように話しているか」という言語データである。後者は、彼らが「何を話しているか」というオーラル・ヒストリー（伝承文化）であり、当時の第二言語としての日本語教育、非母語話者による言語使用や彼らが日常的に体験した言語生活の実態を知る貴重な「日本語教育史」のデータである。

　以下で取り上げるデータは、2002年および2004年に行われた面接調査から得られたものである。なお、2004年の調査はロングが朝日祥之と一緒に行った。サイパンにはチャモロ語話者とカロリン語話者がいるが、今回のデータにも両方のインフォーマントが含まれている。

　ここでオーラルヒストリーを通じて、日本統治時代の公学校での生活、日本への留学経験、義塾（夜間学校）での日本語習得、リンガフランカ（共通言語）としての日本語、そして日本人観などについての談話データを掲げ、その状況を概観していくことにする。

3.1　チャモロ語話者が語る戦前の日本語教育

3.1.1　パラオで日本語を勉強したチャモロ人兄妹

　戦前当時の南洋庁域では、現地人は公学校へ、そして日本人は小学校へと違う学校へ通っていた（p.43　写真3）。ここでサイパンからパラオに移り住んだチャモロ人兄妹の体験談をみよう。

　　VSA：学校があの、日本教育なんです。私たちもね。で、学校5年生しか

ないんですよ。パラオはね。5年生しかないの、学校が。
VSA：お父さんとお母さんが、大正14年にパラオ行ったのね。日本時代。でそのときに、私たちが生まれた。で兄さん姉さんたちはサイパンで生まれて、［兄に向かって］sinko？[4]　［再び調査者に向かって］兄さんが3人、姉さんがサイパンで生まれて、こんどお父さんたちが引きあげ、あのひきあげたんだ、あれ向こう没収されて。それでパラオであとの私たち兄弟がみんな生まれたの。

兄妹は当時の教育状況などについて、さらに詳しく語ってくれた。

VSA：チャモロとパラオの子どもと一緒に学校に行って、こんど卒業していろんな仕事に勤めて、これだけ日本語しゃべれるようになりました。[5]
VS ：でも日本人はやっぱり別だけどね。小学校。ぼくら公学校。[6]（公学校）島民の。[7]
VSA：そう、学校が違うのね。小学校と公学校ってありましてね。でその小学校は日本人の子どもだけで、で日本人の子どもはやっぱり、6年生までしかなかったのね、それで6年生卒業してこんどは日本に行かすわけ。子どもたちはね。でチャモロの公学校は3年生しかないんですよ。アンガウルはね。[8]　でコロールは5年生まで。[9]　サイパンも5年生。でアンガウルで卒業した子どもたちは、パラオ行くわけ。コロールにね。補習科に。また2年。でもほとんどアンガウルから行かなかったですね、やっぱり。（VS：僕行かなかったよ。）遠い

4　チャモロ語で数字の「5」を意味する。
5　「仕事につとめて」は「仕事をして」の意味。
6　日本人の子どもが通う学校は小学校、現地の子どもたちが通う学校は公学校であった。
7　ここでの「島民」はある特定の島の人を指す単語ではなく、「日本人」との区別をするため、現地の人たちの総称として用いられた呼称である。
8　パラオ諸島の南に位置する島（Angaur）。
9　現在のパラオ共和国の中心（Koror）。

写真3　公学校で朗読する現地の子ども

から。で、私と兄さんと弟が3人だけ、兄弟の中で3人だけ補習科に行ったわけ。

この兄妹は、親元から離れて他の子どもと一緒に日本語による集団生活を送っていたことが日本語の習得に拍車をかけたことも考えられる。

> VSA：向こう行ったときね、やっぱりほら、お母さんと離れたことないでしょう。だもう寄宿舎[10]ってね、ドームね。[11] そこに行ったらもう自分でね十、(独り言で数える) 八、九、十、十一、十二、十二歳でしょう。[12] 自分で洗濯、今まで洗濯してなかった。[13] 私がね。洗濯するようになったから、ほんとに、ま、苦労したというか、でもやっぱりがんばらなきゃって自分で考えて、やってたのね。
> VSA：それにあの、お風呂なんかないんですよ。川で。朝はやく起きて、寄宿舎のあれを、掃除をしてね、こんど川へあれシャワーに行って、

10　VSAの「寄宿舎」の発音は [kiʃikʃa] と聞こえる。
11　英語の「dorm」、寮のこと。
12　独り言で数を数えるときにも日本語を使う点が注目に値する。
13　「洗濯してなかった」は「洗濯したことがなかった」の意味。

川の中で。冷たい水で。水浴びて、こんど。ドームにまた帰ってくるの。大変だったんですよね。

　南洋地域における日本の統治は第1次世界大戦の時代から続いていたので、この兄妹の世代だけではなく、父親たちも日本語を話すことができた。以下の談話からわかるように、父親は複数の言語を使いこなせた。(なおRは、聞き手である調査者を示す。以下、同様。)

　　R　：お父さんはどういう仕事をなさってたんですか？
　　VS　：やっぱり、監督、監督。(そう、人夫のね。あの、そのみんな勤めてる)パラオの人とか、トラックの人とか、ヤップの人ね。いろんな島々から来てるんです仕事に。でそれの監督やってたの。お父さんなんかもう(いろんな)いろんな(ことね)カロリン群島のことばね、わかる。
　　VSA：お父さんは日本の学校行かなかったけど、やっぱり日本のことばまで覚えたんですよね。(R：で日本語とチャモロ語以外にもいろんな言語が話せた？)そう、ヤップ、トラック、ポナペ、お父さんね、いろんな。パラオに。

　以上の文字化資料が示唆しているように、この兄妹の日本語は「流暢」どころか、「ネイティブ並み」といっても過言ではない。著者はこれまで複数の研究会で彼らの音声を流して、聞かせているが、日本人の専門家の反応は、「どことなく、『なまり』を感じるので標準語話者だとは思えないが、どこかの地方出身の老年層話者ではないか」といったものである。

3.1.2　公学校での生活

　ここで、日本統治時代にサイパン公学校(p.43　写真3)で過ごした学校生活をめぐって、インフォーマントの話を紹介する。

＜教育内容＞

R：公学校の、先生はみんな日本人だったんですか？

JS：いや、そう、日本だ。2人、3人がね、まー、大学までは来なかったがね、ま、みんな、ちょっと英語も、あ、みんな日本語、日本語、日本語もうまいしね。

R：うん。

JS：僕らは、僕らは、もう平仮名もできますよ。

R：あ、平仮名も。

JS：それから、あ、あ、ソロバンもね。みんな、みんな暗算ね。あーよかった。だから僕らの先生もね、あの、だから、みんな、あ、みんな、何だ、あの、もう、こういうこと、ちょっとふざけるんだったらね、先生も入ってきて。

R：うん。じゃ、今、計算するときは日本語ですか？

JS：はい、今、今、はい、はい。

R：九九、八一とか。

JS：三が六に、四が八に五十。

R：ははは。え、さっき一番最初にいらしたときに、あの、何、何と、何かおっしゃってましたよね。ここ座る前に。あの、教育の、あれ教育、え。

JS：教育勅語。

R：ええ。

JS：はは。

R：あれは何ですか？あれは。

JS：教育勅語。朕惟うに、我が皇祖皇宗……（教育勅語の内容）。

R：あー、今だに覚えてらっしゃいますね。

JS：それ、また、それもみんなできなかったら、あのときは、あの卒業できないですよ。

R：ほー。

JS：だから、みんなね。

R：じゃ、それ小学校、あの公学校で覚えたわけですね。

JS：公学校はそうです。

R：へー。え、で、それ教育勅語って言うんですか。

JS：あ、教育勅語。

このインフォーマントはサイパン公学校を卒業しており、学校では平仮名、九九（くく）などの指導を受けていたと話している。また、宮脇（1995）に指摘があるように、サイパン公学校出身者は「教育勅語」を学校で暗唱させられていたようである。また、他のインフォーマントも公学校で九九（くく）を習って、今でも計算する時には九九（くく）を使用して数を数えるという。以下に、その内容を示す。

＜九九（くく）＞

R　：へー。今もやっぱり、その、九九（くく）は日本語で？

MV：九九（くく）、八十一（はちじゅういち）。三四（さんし）、十二（じゅうに）。五五（ごご）、二十五（にじゅうご）。あ、わかるね。

R　：うん。

MV：四九（しく）、三十六（さんじゅうろく）

R　：あ。やっぱり若いときに覚えたから忘れませんよね。

MV：そう？いや、バカは忘れるよ。

なお、チャモロやカロリンの人に対する日本語教育は話しことば中心だったが、平仮名と片仮名以外にも簡単な漢字を学んだ。兄妹はこれについて次のように語っている。

＜読み書き教育＞

VSA：片仮名、平仮名、漢字はそんなに、あまり……

VS　：漢字は難しいからね、覚えやすいなら、「人」ね。

VSA：「花」とか「月」ね。そういう簡単なもの。

VS　：「也（なり）」とか。

VSA：もう平仮名と片仮名はもう、今でも書けますよ、私でも。（笑）読めます。片仮名、平仮名は。漢字のやさしいとこはね、少し読めますけど。

＜サブマージョン教育＞

　サイパンからパラオへ渡ったチャモロ語話者の VSA の談話から当時のサブマージョン教育に関する談話をみよう。チャモロ語を母語とするサブラン一家はサイパンからパラオに移住した。当時サイパンもパラオも同じ日本の委任統治下にあって、VSA の父親は仕事のためサイパンからパラオへ行った。父親は日本語ができた。(日本統治は1914年に始まり30年に及んだので、現在の高年層だけではなく、彼らの親の世代も日本語による教育を受けているのである。)パラオに行ったときにまだ小学校に入っていなかった VSA とその兄 VS は日本語ができなかった。彼らが入った公学校の１年生の授業では先生がパラオ語を使って日本語を教えていた。しかし、VS と VSA にとってこれらの言語は両方ともまったく未知のものであった。以下の体験談からわかるように、彼らにとっては事実上サブマージョン教育となったである。公学校入学のときは、VSA および VS にとって、パラオ語と日本語を同時に初体験する場でもあった。

　　VSA：学校入る前にね、日本語全然わかんないんですよ、私達は。だから、１年生の先生はね、パラオの人で、彼はチャモロ語がわからないわけ。で、パラオ語ね。だから私達も１年生のとき苦労しましたよ、日本語覚えるのに。
　　　R：１年生のときの先生はパラオの人で……
　　VSA：パラオの人。
　　　R：チャモロ語が話せなかった？
　　VSA：話せない。パラオ語だけだから。まあ、パラオの子どもたちはそのとき、楽というかね。ほら、パラオ語で話すから、先生は。
　　　VS：でも僕ら、もうちんぷかんぷん。
　　VSA：私たちの場合はもう、全然わからない。パラオ語もわかんないし、だから苦労しましたよ。２年生に上がってからは大丈夫、大丈夫というか、もう日本語でね。大変だったんですよ。

　この談話からわかることは２つ。１つは発話の言語形式面の情報で、この話者はネイティブに極めて近い日本語を使いこなしているということである。そ

して、発言内容から得られる情報は、子どもがいかに言語の適応が早いということと、当時、日本語が現地の人と日本人との間のコミュニケーション手段としてだけではなく、現地の人（非母語話者）同士のリンガフランカとして使用されていたという事実である。

イマージョン・プログラムとは、教科が第二言語（L2）によって教えられることをいう。多くの場合、多数派言語を母語とする人が少数派の言語を学ぶときにみられる。例えば、オーストラリアのメルボルンにある小学校の学生は英語が母語になっているが、親は彼らの将来を考えて、ほとんどの科目（日本語の時間だけではなく、体育も数学も）日本語で行われるエリート小学校に通わせている。これと対立するのがサブマージョンで、イマージョンと同様、教科は目標言語だけで教えられるが、実際の状況にはかなりの異なりがある。例えば、静岡県の公立小学校に入って来たネパールから移民してきた子どもはまったく日本語がわからないにもかかわらず、ネパール語ができる先生がいないため、また「第二言語として日本語教育」の専門家もいないため、突然日本語のみで行われる授業に放り込まれる。イマージョン教育が「プールに自ら跳び込む」イメージであるとすれば、サブマージョン教育は「プールに投げ入れられる」イメージである。

他の話者からも同じような証言を得ることができた。公学校へ入学するに際して、すでに日本語が話せたかという質問に対して、インフォーマントは、次のように答えている。

  R：で、一番最初、あの、7歳のときに、1年生のときに、日本語を、最初わかんなかったんでしょうね。
EC：そうなの。学校入ってから、
  R：あー。
EC：毎日話し、すぐ覚えるですね。
  R：ああ。先生は日本語だけでしゃべってたんですか？
EC：みんなそうです。
  R：あー。
EC：そう。

R：えー。
EC：一週間位はもーわかる。何、何が先生がやってる、話してるか。もう2年生だったら、もーすぐみんな覚えてる。3年生だったら、もーずっとみんなに話しできる。

このインフォーマントは、公学校に入るまで日本語を話すことができなかったが、公学校に入学してから日本語を習得したという。さらに別のインフォーマントも、公学校へ入学してから日本語を習得したと話している。

R：あの、読み書きは1年生、2年生、少しずつ習ったんですか？
VC：そうそうそう、1年生の場合はあんまり全然ね、あんまり、まぁ、ただ、あ、とかあいうえおとかだね。それはやってるけれど、意味は全然なし、無かったんですよね私たちは。意味というのは全然わからんですよ。ただ字だけ、これが「あ」、「え」、「い」、「お」、「う」。そでしょ？「あ」、「あ」、「あいお」、「あえお」、「あい」だね？「あいうえお」、「かきくけこ」、「さしすせそ」、「たちつてと」なんですよ。
R：じゃ、最初は意味もわからずにとにかく真似をしたということですね？
VC：意味もわかりません、2年生に上がってちょっと入ってね、意味もちょっと段々と入ってくるんですよ、3年生卒業だから、3年生の場合はもぉ、今度の問題は漢字ですね。1年生、2年生は片仮名しか習わない。算術はもちろん習ってるけれど、簡単な事だけですね。一足す一は二、二足す二は、そういう事なの。

このように、公学校へ入学して1年目は全然日本語が理解できなかったが、2年、3年目になると読み書きが習得できたという。
公学校では日本語のみで話すように指導されたようである。現地語であるチャモロ語を学校で使用すると先生に怒られたとのことである。

<公学校での使用言語>

R：あー。じゃ、公学校は、あのー、現地の子どもだけだったんですか？
SB：島民です。
R：あー。え、1年生のときに、先生が日本語しゃべったときに、子どもたちはわかりましたか？
SB：知ってます。
R：あー。
SB：知ってる。
R：じゃー、なんとなく、もー日本語が。
SB：あー。
R：わかる、わかったわけですね。えー
SB：もー学校来たら、もー、チャモロ語自体しゃべらない。
R：ほー。
SB：しゃべったら、もー、すぐ先生怒る。日本語ばっかり。
R：へー。
SB：学校終わって、のっける。
R：あ、そーなんですか。へー。
SB：うん。
R：学校の中で、チャモロ語でしゃべったら。
SB：できない。
R：それ、先生怒るんですか？
SB：おー。まー絶対できない。
R：へー。じゃ、子どもの、子ども同士でも日本語ばっかりで。
SB：そーです。
R：使っていたんですか？
SB：うん。
R：へー。それは早く覚えますよね、使わなければならないとしたら。その学校は、あのー、カロリンの人もチャモロの人も一緒だったんですか？
SB：一緒。

R：ふーん。で、学校終わった後は、子ども同士でチャモロ語になったんですか？
　SB：うん。
　　R：じゃ、学校の間だけは。
　SB：全然できない。

　このように、公学校では日本語の使用しか許されなかった。しかし、以上にみたように、公学校に入学してから日本語を習得した子どもが多かったのである。ともあれ、公学校では、現在行われているようなサブマージョン教育に近い方法で日本語を習得させようとしていたことがうかがえる。
　一方、公学校へ入学する前に日本語を習得していた子どももいたようである。日本人が多く住んでいた地域にいた島民の家庭では日本人に土地を貸して生計を立てており、そこに住む子どもは日本人の子どもたちと遊ぶ機会が多かったので、自然に日本語を覚え、公学校へ通う前に日本語が話せたようである。以下に、その内容を紹介する。

＜日本人の子どもと遊んで日本語を覚えた＞

　　R：日本語ですか。あー。えっと、その、学校に行く、行く前から日本語話せたんですか？
　JS：そうだよ、みんな。
　　R：あー。
　JS：そんで、みんな日本人、あの、借りてるからね、家ね。だから僕らも日本語。だから、僕ら学校ではやっぱり日本語だね、みんなね。だから、家帰ったら、もーまた使ってるんだね、チャモロ語。
　　R：じゃ。
　JS：本当、本当、良かったですよ。ま、戦争だから、だがやっぱり、戦争、戦争が終わったときに。
　　R：うん。
　JS：だから、みんなにもちろんね。
　　R：うん。

JS：こう、これも済んだから、みんな仲良くしましょって言ったら、みんなね。日本人、日本から来て、家を借りて、それ土地借りてね。色々の、色々の、あの、あれをしてね。あー、凄いですよ、サイパンも。

　また、サイパン、テニアンには沖縄出身者が多く移住していたという歴史的な背景からも、沖縄出身の子どもたちと遊ぶ機会が多く、琉球方言が話せたと言うインフォーマントもいる。

＜日本人の子どもとの会話＞
R ：学校は、最初行ったときは、日本語はわか、1年生のときに、もー、いきなり日本語を。
MV：少しわかるね。隣、子どもと遊ぶから。
R ：ほうほうほう。
MV：ね。みんな日本人がね。
R ：うんうん。
MV：島民の家を借りてるさー。
R ：うんうん。
MV：だから、前の隣、みんなどっか行ったんだ。みんな沖縄とか日本人ね。
R ：あー。
MV：隣。一番いい所だよ。
R ：それで、もー、自然に子どもと一緒に遊びながら、
MV：少しわかったんだ。
R ：なるほど。
MV：沖縄語もね。

　日本人居住区の近くに住んでいる島民の子どもたちと日本人の子どもたちが一緒に遊ぶときには、島民の子供たちは現地のチャモロ語を混ぜながら日本語を話していたと証言するインフォーマントがいる。このインフォーマントは、父親が日本人で母親がチャモロ人だが、家庭では日本語のみで会話していたと

言う。また、学校も日本の高等学校を出ており、戦後にチャモロ語を習得したとのことである。

＜島民の子どもはチャモロ語交じりの日本語＞
 R：あー。あの、えっと、さっき、その、戦前に、その子どもたち同士で遊んだっておっしゃいましたね。そのとき、チャモロの子どもたちも日本語を使ってたんですか？
 JJ：日本語使っています。
 R：あー。
 JJ：たまに混じ、混じっておりますよね。あたしも聞けるけど、話せない。
 R：あ、チャモロ語ですか？
 JJ：うん。

　このように、島民の子どもたちは公学校へ入学する前から日本語に接する機会があり、逆に日本人の子どもたちも現地のチャモロ語に接する機会があったわけである。
　以下のインフォーマントの会話には、チャモロ語起源の「カレタ」という語が出現している。

 CK：ああ。そうです。昔ね。家ね、あれ自動車ない、車。
 R：あああ。
 CK：車ね、牛。それでうちの姉さん、縛るでしょ、前、しば、縛らなかったさ。もー心配して。それで一生懸命行くんだよ、うちのとこ、……ロタ。
 R：なるほどね。
 CK：ああ。く、車ない。牛だけだ、車、車。このアメリカない、日本人、カレタと車ね。

　この「カレタ」という語については、日本統治時代にマリアナ地域で生活していた八丈島出身者も「牛車」の意味での「カレタ」を使用しており、チャモ

口語起源の語彙が借用語としてマリアナ地域で生活していた日本人の間で使用されていたことがわかる。

　以上、サイパン公学校に通っていたインフォーマントの話を中心に紹介したが、次に、テニアンで生まれ育ち、テニアンで学校教育を受けたインフォーマントの話を紹介する。テニアンには公学校がなく、子どもたちは尋常小学校(日本人の学校)へ通っていたという。[14]

＜テニアンの学校＞

R：島の人は少なかったんですか？　テニアンの方は？

AB：現地の人はあんまりいなかったですね。

R：じゃ、それでもー日本語を日常的に使ってたわけですね。

AB：そーです。

R：周りはもー日本人と沖縄の人ばっかりで。学校で日本の歌とかもやりましたか？

AB：ぜん、全部教えました。

R：あー。ま、だいぶ昔ですね。

AB：ええ。

R：私たちが来て一番びっくりしたのは、日本語を60年くらい、ずっと使ってないのに、皆やっぱり覚えていますよね。

AB：えー、学校、学校へ行きましたからね。

R：学校では、あの、読み書きもあった、あったわけですか？

AB：ええ。読み方と、理科もありますし、習字もありました。

R：あー習字。

AB：はい。理科ですね。そういう本全部あったの。

R：あの、先生は1年生のときから日本語使ってたんですか？

AB：私ですか？

R：あの、うん。授業でその先生が。あの、チャモロ語とか全然使わな

---

[14] 日本統治時代にテニアンの尋常小学校に通っていた八丈島出身の話者から聞いた話である。

　　　　かったんですか？
　AB：いや、チャモロ語は、あの、現地の先生もいましたの。で、あの、現地の子どもがよければですね、あの、実業学校って行かせますよ。あの、こう、南洋興発が。
　R　：じゃ、もー、現地の先生でも日本語だけしか使わなかったんですか？
　AB：そー全部日本語です。

　テニアンの尋常小学校（日本人の学校）に通っていたこのインフォーマントも、学校に現地の先生がいたにもかかわらず日本語のみで授業が行われていたと話しており、サイパンの公学校と同様に、サブマージョン教育が行われていたことがうかがえる。
　なお、公学校では子どもたちに鉛筆、消しゴム、物差しなどの勉強道具が支給されており、子どもたちに対する教育体制がある程度は整っていたことがわかるのである。

＜筆記用具の支給＞
　VC：まーそれは先生があんまね、先生に差し込んでるでしょうから全部、先生それ何使ってるかわかりません。学校の物は、鉛筆とか、自分で買わないですよ。学校からもらうんですよ。だから本とか帳面とかね全部学校でね、ただで。全然買ってない私たちは、ムシゴム、消しゴムとか、鉛筆とか、物差しでしょ、三角のあれなんていうんですか？engineerが使うのね。物差しとか、あれ全部学校でもらってくるんです。

3.1.3　日本への留学経験
　マリアナ地域の島民の子どもたちは、そのほとんどが公学校に通っていたが、ごく一部の子どもたちが日本へ留学していた。

＜留学経験＞
　JB：ははは。いや、あの、学校行ってさ、あの、やったわけだね。それ

で、とにかく、これ、これらの、この専修の人たちがこう相談してさ、俺、あの、1人くらいサイパンからね、あんな、誰か留学生連れてこうじゃないか。だから、ま、決めたわけだ、ね。それで、私は、私、あのときはよか、あのし、ちょっと悪いあの話を。ちょっとよかったけどね、あの、成績もよかったし、級長だったし、あんだけ3年、あの、2年生、3、2年、3年なったばっかりのね。

R：はい。

JB：あの、が、後で、私が選ばれたんだよ。

　　　　（中略）

JB：なにもこう大きいから、うわっと来るからね。そうじゃなくても、それでね選ばれて私、日本、日本行ったんですよ。はい。

R：それは、何年のときですか？日本に。

JB：あ、大正、あの昭和9年。

R：昭和9年。

JB：9年。はい、9年。はい、9年の初め。1934だったかな。9年、1934、はい。そいで、あの、日本行ったんです。日本の学校ね、行かしてもらったんです。日本の学校、行った学校はね、あの、あの。始め、始め、私、東京に2年、2年いたんだ。2年。あの、小石川のね。

　　　　（中略）

JB：(日本への留学)1人で行ったでしょ、1人でね。あの、7日間。終わってね、(日本へ) 行ったんです。7 day、7 dayね。6 night。で、もー、すぐに酔っちゃってね、もー、5日間も、6日間、あの6日間、ちょっとよく、よくなるが、初めのうちは、5 dayね。もう、吐いて、吐いて、こー。

R：ああ。

JB：とにかく、それで友達ができたんです。3か月、毎晩泣きましたね。お母さんね、それから弟。

R：その、そこに、その南洋から来たのは、もうBさん1人だけだったんですか？

JB：1人だけ、あのとき。

R：ああ、それは寂しいですね。
JB：毎回行った、3回行ったけどさ、学生私1人だった。
R：ああ。
JB：1人、1人来て、1人で行った、1人で。

　このインフォーマントは、サイパンで3年間公学校に通った後、日本の小学校へ留学した経験を話している。また、日本へ留学経験のある島民は、帰ったあと日本人の通う学校へ入学することができたようである。

＜実業学校（日本の学校へ通った）＞

JB：あの、尋常、尋常、あの、小学校と公学校あったですけど。それから、high school ね。この high school は、あの、日本人だけの high school ね。
R：うん。
JB：名前は、サイパン実業学校。南洋、南洋庁立ね、あの、実業学校。今の、あれありますよ。あの、monument, monument。
R：はい。
JB：あの、You say uh, you know the Sugar King Park, Sugar King Park。わかる？
R：A hah, Sugar King Park.
JB：あすこにありますよ、あの、今、今、私が建てた、建てた park。
R：あー。
JB：あの学校、あの学校、あの学校入れてもらったんです、入ったんです、はい。
R：それ特別ですか？
JB：うん。I went to・・・school ね。
R：ほー。
JB：それで、私入った後ね、あの。
R：南洋庁立実業学校。
JB：島民が3人だけ入りましたね、入れてもらったんです。

R：うん。

JB：ね、入れなかった、島民。そう、われわれ入れてもらった。

R：それやっぱり日本に、日本の小学校行ってたっていうのが関係あって、その高等学校。

JB：うん、そう、そうでしょうね。入れてもらったんだからね。それで、私の後にね、3人くらい入りましたけど、卒業しなかったね。あの、戦争が来たから、来たからね。私、卒業したのはね、私と1人だけ。

　以上のように、このインフォーマントは、日本の小学校へ留学し、サイパンに帰ったあと、実業学校（日本人の学校）へ入学したと話している。このように、成績がよく経済的に豊かな島民の家庭の子どもたちだけが日本人の通う実業学校や女学校へ通うことができたようである。

＜実業学校・女学校＞

R：ふーん、ほー。そこが小学校だったんですね。このサイパンで何年まで行けたんですか、学校は？

JJ：あー。

R：小学校は何年まで？

JJ：小学校は高等、何て言うの？高等2年？それから、あの、何て言うの、しょ、あの、女の人はなん、何て言うのかね。

R：師範学校か何かな。

JJ：いや。

R：女学校。

JJ：女学校。

R：うん。

JJ：で、男の人たちは実業学校。

R：小学校が6、4年？4年ですか？小学校は？

JJ：No。高等2年じゃない？

R：あ、2年。

JJ：8年、8年生までですよね。

R：うん。あ、6年で、そこと2年で。
JJ：うん。
R：全部で8年ですね。その後、女学校に行く？
JJ：女学校。
R：実業。
JJ：そう。で、実業は、あの、何て言うの、頭のいい子はここ、ここの、ここの公学校。
R：うん。
JJ：頭のいい子で、お金のある子は、あの実業学校に行っておりましたよ。
R：じゃ、そのときは日本人と現地の人、一緒になったんですか？
JJ：そう。実業、あの実業学校とか女学校。
R：ほうほうほう。
JJ：そのとき、一緒になれたんです。
R：なるほどね。最初は別。
JJ：その代わり、成績のよい子ね。

3.1.4 義塾（夜間学校）での日本語習得

一方、経済的に豊かな島民の子どもは義塾という夜間学校へ通って日本語を習得したようである。

＜義塾　夜間学校＞

JS：僕、まあ、僕は日本時代はやっぱり、あの、ちょうど学校出たときが14歳だから、やっぱりあのときは学校はね、区別なんですよね、島民と、あの、日本人ね。だからやっぱり、僕ら、だから、僕らの兄さんも、それから他のここの人たちも聞いたんだよね。それだったらやっぱり日本、日本からね、3人の先生がね、サイパンに来たんですよ。あの義塾ってね、夜の夜学ね。そお、サイパン来て、で、昼はやっぱり公学校行くが、夜は義塾ってね、あの、日本人も一緒に入って、だから向こうで勉強して、で高等、6年までは勉強してね、そしたら皆日本語もソロバンも皆教えてくれて。

このように、昼間は公学校に行き、夜は義塾へ通って勉強をしていたが、義塾にいってもあまりためにならなかったというインフォーマントがいる。

R ：あー。じゃその、じゃあの、夜の、えー金曜日とおっしゃってました？その義塾に行って、塾に行って、勉強してたの。
MV：Oh no, it's any night. 月曜日から土曜日まで。
R ：おー。
MV：誰でも行ける。だが、金だけある人行く。
R ：ああ。
MV：ね。
R ：で、そこでも漢字とかもやってらしたんですか？
MV：うん。だから、それ10名もいないよ。向こうで習ったの。
R ：なるほどね。
MV：で、それで、あの、勤めた人いないよ。

このように、公学校と義塾の２つの学校を卒業しても、島民はあまりよい仕事に就くことができなかったことから、仕事の面で島民と日本人とに差別があったことがうかがわれる。

＜仕事上での差別＞

R ：うん。でも、そ、そのときは、別に、あんまり差別とか、なかったんですね。
JB：あ、もうとにかく、あの、まー、そういう、そういう差別はない。やっぱり、やっぱ島民は島民ね。とにかく、何でも仕事とかさ。それから、あの、あ、あの、軍事にも行けない、行けなかったしね。学校、同じ学校にも行かなかったしさ。
R ：結婚のときは、あんまりそういうの問題にならなかったんですね。結婚のとき。
JB：まーしょうがない、ま、われわれは、まーね、弱いしね、小さい。あの、少ない、あの、group of people ね。だから、もう力がないね、

あの、もう。

　このインフォーマントも島民は日本人と同じような仕事に就くことはできなかったと語っている。公学校、義塾に通っていたのにもかかわらず、卒業後、あまりよい仕事に就けなかったとして、一体、島民たちはどのような仕事に就いて生計を立てていたのであろうか。

＜島民の仕事＞

　　　SB：は、畑。
　　　R：畑ですか。ああ。それは何を作っていたんですか？
　　　SB：いろんな。
　　　R：え？
　　　SB：芋、植えたり。
　　　R：あ、芋ですか？
　　　SB：うーん。タピオカ。
　　　R：あ、タピオカね。なるほどね。
　　　SB：うん。
　　　R：なるほどね。
　　　SB：バナナ。
　　　R：あ、あ、あ。で、
　　　SB：もー、いろんな。
　　　R：うーん。なるほどね。で、それを、あの、日本の店とかに売ったんですか？
　　　SB：そうです。
　　　R：じゃ、主に、お父さん農業だったんですね。
　　　SB：うん。

　このように、島民は農業によって生計を立てていたようである。ここで注目したいのは、島民がマリアナ地域の主産業であったサトウキビではなく、それ以外の作物を作っていたということである。サトウキビ産業は主に沖縄出身者が従事しており、島民とのかかわりは少なかったのではないかと考えられる。

その他、上にもふれたように、日本人に土地を貸して生計を立てていた島民の家庭などもあったのである。

例外的にマリアナ地域の主産業であるサトウキビ関係の職に就いた島民がいた。

＜例外的な南洋興発＞

JB：とにかく吉田先生って人が来てね、それで私に、あの、父さんにね、親父にな、いやさブランコ、あの、ホアン、ホアン君は、あの、軍事とか、あの政府の仕事させたら駄目だと。しかし、ということは、政府のね、あの給料ね。島民の給料とか、日本、日本人の給料もらえないと、絶対もらえないから駄目だと。それで、その先生がね、吉田先生が興発、南洋興発。

R：うん。

JB：ね、南洋興発。ね、あの、sugar, sugar company。

R：うん。

JB：あすこの、行ってさ。何か、吉田先生と、それ、南洋興発の、あの、重役かな。あの、同年齢、あの、同じ学校行ったみたいで。それ聞いてね、それで話して、入れて、入れてもらったの、南洋興発に。

R：ほー、南洋興発、あの、従業員になったんですか？

JB：そうです、そうです。

R：あ、そうなんですか。

JB：私の場合、だから、あの、南洋興発の社員ね。何て言うかな、じゅん、じゅん、従業員ね。あの、あの、regular employment か。

R：うん。

JB：1944、forty-four thousand、それ。それの、あの、名簿ある、名簿ね。

R：うん。

JB：その名簿の中に、……載ってるんですよね。

R：あー。

JB：もう1人の、2人しか載ってないね、サイパンの人。

R：うん。

JB：それで、入れてもらってね、あすこの学校行ったんですよ。あの、あ、仕事ね。それで、あの、興発入ったときは、あの、もー、同じ給料。

R：うん。

JB：もー差別なかったです。同じ、same, same salary。

R：ほー。

JB：本当によかったです。私、嬉しくてね。

R：ええ。

JB：もー、very happy。それで、その連中もね、まだ、あの、ぼり、僕らと一緒に働いた連中ね。あの、社員ね、あの。

R：はい。

JB：一緒に。今、まだ、今、前に来るんですよ、サイパンに。あの、が、日本、あってさ。写真たくさん持ってますよ。

　このインフォーマントは日本人が多く働く南洋興発というマリアナ地域で一番大きな会社に就職することができ、また待遇も日本人と一緒であったと語っている。このように、優秀な島民は日本人と同じ仕事に就く機会があったようである。

3.1.5　リンガフランカとしての日本語

　多民族国家だった日本帝国において、日本語という言語は、日本人ネイティブと非母語話者が話すときに使う言語だけではなく、チャモロ人とパラオ人のような日本語非母語話者同士の共通言語にもなっていた。戦前の南洋において、日本語は島（そして言語）の違う人たちを結ぶリンガフランカであった。しかし、次の話でわかるように、リンガフランカとしての役割は戦後もずっと続いたのである。半世紀近くにわたって、チャモロ語を母語とするVSとパラオ語を母語とする奥さんと間のコミュニケーション手段は日本語であったという。

　次の発言に、この実態が如実に現れている。

VSA：[学校仲間について] 同じ学校仲間……で、ほら、パラオの人はチャモロ語がわかんないでしょう？チャモロの人もパラオ語がわからないと今度日本語で話すわけ。

VS ：僕なんか、奥さんね、パラオの人間。僕らのことば使わないで、日本語使っている。日本語使っているね。33年間もそれで。

R ：奥さんは子どもたちと話すときは？

VSA：チャモロ語で。サイパン来てからチャモロ語覚えたんですよ、うちの義理お姉さんがね。でも今まで、パラオ語と日本語でしょう？うちのお兄さんと話しすると。

R ：奥さんはチャモロ語が話せるようになっても、お2人の間は……

VSA：日本語。もう慣れているからね、亡くなるまでもう日本語ばっかり使っているんです。

　このインフォーマントは公学校時代の同級生と会って話すときには現在も日本語を使うとのことである。また、戦後もずっと夫婦で子どもたちに聞かれたくないような話をする場合などには日本語を用いていたという。

　マリアナの人々と日本語のかかわりは、昔の公学校や日本人の子どもとの遊びのなかだけで使われていたように思われるかもしれないが、以下のように、日本語は様々な場所で使用されてきたのである。

＜現在も日本語を使用＞

VC：今はね、ない、やっぱり日本人と話さないと。ま、僕の同級生とたまに会うと、毎月のように使うけど、それからもう1つはね、まー、私の、私の、私もそうなんですよ。私の同級生もそう言ってましたね。もしも、自宅の中でね、もしもお父さんとお母さんが内緒のことがあればね、日本語でしゃべりますよ。子どもたちが何言ってるかと、不思議がっちゃうんですよ。

R ：あ、はは。

VC：子どもに、か、か、あの聞かせないときはね、日本語でしゃべるんですよ。

R：なるほどね。
VC：女房とね。
R：なーるほど。
VC：子どもたちは、何、文句言ってる、何言ってるんだろう。
R：それ便利でしょうね。子どもにはわかんないから。
VC：子どもの前でしゃべってもね、子どもわからないですよ。

3.1.6 日本人観

　日本人の印象について尋ねた結果では、日本人に対して比較的よい印象を持っている人が多かった。なかには、自分は日本人になりたかったのだという人や、戦後に日本人がいなくなって寂しくなったと語る人さえもいた。

＜「日本人」へのあこがれ＞
JB：私も本当に日本人になりたかったんだね。
R：うん。
JB：残念ながらなれなかっただね、本当。ははは。やっぱ、やっぱり、このできない、ようわかる、わかった。今わかりましたけどね、これあの、この、ま、日本はとても very prejudiced（偏見を持っている）ね、日本人ね。なかなか入れてくれないやな。

　次のインフォーマントは、日本とサイパンの間での学生の交換留学を世話している団体でのスピーチで話したことをめぐって、以下のように語っている。

＜日本人の印象＞
VC：コンピューターがちょっと働いてたわけ。でね、あ、いろいろ日本の先生からね、日本の先生が教えてくれたこと、今皆さんに一言言って、あの、聞かせてあげたいと思いますです。昔はね、日本時代は私は本当に周りも全部日本人だったんですから、学校行ったり、遊びながらね日本人の人たちと一緒に遊べたわけ。そこに店も近いし、ねえ、喧嘩すること全然なかったんですけど、全部お友達ね、兄弟

同士ですんでたことだったんですけど、残念ながら、今になってね、平和になって、ま、戦争になってそれは本当に困りましたけれど、大東亜戦争始まって、もお、たくさん本当に苦労してたんですよ戦争中は。まあ、生きるか、生きれないか、全然そういうことは思わなかったんですよ。残念ながら、いろんな参加の人も亡くならなかったです、日本人もたくさん亡くなりましたけど、私はやっとその survive してね、今ここで一言を聞きたい、聞き上げたいと思って、思うのが、あの立派な先生から教えてもらったもの、今教えるから、たくさんよいもの入ってます。今ね、私の、喜びながら、ま、嬉しいこともたくさんあるし、喧嘩も全然日本人とせん、せん、日本人の子どもと全然喧嘩してなかった。友達同士でも暮らしたところではね、戦争終わったときに戦争に負けて、ま、今度日本人と私たちと別れたんですよ。キャンプでね、日本人はここ、チャモロ人はここ、コリアンはあっち、だから全然離れたんですよ。全然そういうときは、一言も、一顔もあわてない、会わない。それはちょっと困ったと言って、それよりもっと困ったのがですね、全部日本の人たちは、かえ、日本へ戻らなくちゃならないという命令が出て、全部帰ってきたでしょ、一人も残らず、全部。私の心は非常に寂しかったです。今まで一緒に暮らしたとこでね、戦争はそれはもちろんそれは別ですけれど、もー無事戦争終わったら、また元どおりに、また一緒になる。一緒に行く、来ることすること思った、思ったんですけど、命令でね。しなきゃ、全部日本帰らなきゃならないと、それ本当に寂しいだったんです。

次の話者 JD は、少年の頃、母にもらった大金を持ってすし屋で食事したときに日本人の刑事に怪しまれて連行されたという。その話の中では日本人から受けた差別やそれに対する不満が微妙に表れている。

JD：僕1回、弟と刑事に捕まえられて、刑事ですね。裁判、って言ったら裁判長だけど、あの刑（単語が思い出せない様子）僕ね、こう（手を）

上げて。僕のあの、おじさんですね、がちょうどあの、巡警長ですよ。

R：ああ、巡警の一番偉い人。

JD：そうです。Because the あのう、チャモロのほうですね。チャモロでは5人おったんじゃないかね、巡警。だけど、日本人になりますと、巡警というのはね、お巡りさんです。日本人はね。巡警っていうんです、チャモロのあれだね。それで長です。ちょうど当番でした。僕が刑事に捕まえられて。色々出したんだよ、ジョーロからね、それからワイヤーみたいなのを出して。色々、それから、あの、ボク、木剣。それを机の上に置いて、こりゃもう。「言え！あの10円が、どこで搔っ払ったって言うんだ。「泥棒したんじゃないかって。」ね。1日働いて75銭ですからね、大人は。それでちょうどお母さんがね、小さい、細かいのないんですよ。10円もらったんですよ、10円っていったら大した金ですよね。それで刑事、こう見ていたんですよ。すし屋に行ったんですよ僕はね。で、いつも行くんですよ、僕は、すし屋へ。食べにね。寿司食べに。まあ僕ら、金持ちだって言ってましたよね、昔はね。金があったんですよ、お父さんもね、うん。2階で、建物が大きいですよ。誰が見ても。金がないと立てられない、ああいう家はね。それでもうだいぶ、お母さんに育てたんですよ。3人だったですよ、僕と弟と妹。僕が長男です。それで弟と一緒に行ってね、食べにね、すし屋へ。花寿司、まだ覚えていますよ、今でも。それからあの、ちょうど刑事が食べていたんですよ。それでこう見たんですよ、あれ、10円。それで向いて、「いくら出したんだ、これ？」「10円出したんですよ刑事さん」って言ったら、あぁ？じゃあお釣りもらって、こう縛られたんですよ。弟とね。それで連れられたんでしょ。刑事、刑獄まで。裁判。そりゃ泥棒したんだ。どこだ？言え！木剣がね、こうジョーロがやっぱり、ホースみたいのがあってですね、こっちに入れて、あの水。色々。いや、あの、ただ準備しただけですね。白状待ってたんですね。昔は白状するね。どこであの、金を取って。お母さんからもらったんですよね、これ

はね。あの、寿司のために。「冗談じゃないよ、こういう金はおめー、大きい金は持てないよ、子どもはこれ。50銭くらいでも大変だよ。」と色々言ってね。「いや、お母さんからです。お母さんの家行っても良いんです、今ね、刑事さん。」井波、今でも覚えていますよ、井波刑事って言ってた。それでおじさんが来てたんですよね。当番ですからね。「ん？井波！なんだこの人は、ん？これ僕の、従兄弟の子でしょ。」「誰でもいいからお前、10円持っていたんだよ。それであの、すし屋行って食べてた。」「は！何だお前」それから刑事さんが来てですね。僕は「足りないんですか？」まだ20円でもやりますからってお母さんが言っていたからね。ん？「冗談じゃない」って言ってね、井波刑事が。「冗談じゃないよお前、あの、足りなかったらあげる、20円。」70, seventy-five…忘れちゃったね。

R：75円？

JD：ねえ、1日ですよ。あれ、働いてね。

R：1日働いたお金が75銭なのに、10円も子どもが持ってたから、あまりにもお金持ち過ぎてるから、疑われてしまった。

JD：50銭ぐらいあればね、50銭玉っていってね、昔の飴玉、もうこう大きくてね、それからびっくりせんべい。こういう大きいやつ、日本からね。もち、餅じゃなくって、あんパンとか。家の近くですからね。アイスクリームと、アイスケーキ。すぐ、家の隣ですよあれ。

3.1.7 アイデンティティ

　日本統治時代が終わった後、しばらく国籍のない時期があり、そのときに感じた島民のアイデンティティについて語ってくれたインフォーマントがいる。

　以下には、これまでいた日本人が引き上げ、アメリカ軍が入ってきて以降の数年間の国籍のなかった時期を体験したインフォーマントの困惑した複雑な気持ちが率直に語られている。

JB：何言ってるだよってね、いいけどさ。まーそういう、そういうですね、われわれ、あの、あれだったんだね。今、私日本人、あの、ア

メリカいいんだけどさ、あんときは国籍なかったからね。
R：あー。
JB：そういう、そういう、あ、国籍なかった、あの、あの、気持ちはね。
R：はい。
JB：あんたたちにはわからないと思うな。
R：うん、それは。
JB：you don't know ね。
R：経験してないですよね。
JB：とても、とても痛いです。とても痛いです、はい。

戦前のサイパンで、日本人は「小学校」、チャモロやカロリン人は「公学校」に通っていた。チャモロ語話者の JB はその極めて珍しい例外であった。次の談話では、日本人と一緒に小学校に通った話や日本本土への留学生として選ばれた貴重な話が出てくる。彼は卒業後に、チャモロ人には無理とされていた製糖会社の正社員になった。このように、日本人と同様な人生を歩んだ JB は、敗戦後に日本本土へと引き上げる日本人住民の姿を見て、なぜ自分だけがサイパンに取り残されるかを理解できなかったと語っている。

JB：まーしょうがない、ま、われわれは、まーね、弱い、小さい、あのう、少ない、あのう、group of people ね。だから、もう力が無いね、あのう、もう。［うん、うん］I mean, we have, we are very, very（笑）。そういう、そういう、だからしょうがないですよね、しょうがなかった。われわれ。
R：なるほどね。
JB：負けたけどね、ま、勝てないね、戦争。要するに、アメリカか日本人が来て、戦争、戦争したでしょ、ね。［うん］それで戦争して、もう、われわれんとこ、island, we didn't invite them to come to our island ね to fight, came to our island、戦争してさ、家ぶっこわしてさ。ばあっと帰るでしょ。［うん］われわれ「どうすんだろう？」。「知らない」日本人は「アメリカ人だから」。アメリカ行ったら「知らない。

日本人だったから」。

R：間に挟まれて。

JB：そうそう。You know they break our house ね。My goodness, you know. Can not claim ね。それ、その、そのまだ、それまだあるんですよね、まだね。まだ完全にね、あの、ちょっと、あのとにかくこう、わからないんですね。何で、どうしてか、そのね、日本人、日本とアメリカがもう戦争したでしょ。[うん] ほいで、その戦争、その話もわれわれ入れないんだよな。[うん、うん] ね。あー、勝手に決めちゃってさ。もう日本とお前ら、あの、賠償ね、取れないと。もう、とにかく、very, very, very, 何て言うかな、あの、本当な不公平なね、あの不公平なるね。あの、あれですよ、あの、decision ね。

R：うんうん、それ自分たちは、全然決める事できなかった。

JB：うん、決めちゃって、決めちゃって。我々、全然ね、もー決めちゃって、もう。もう、top Japanese and a……。[うん] 何言ってるだよってね、いいけどさ。まーそういう、そういうですね、われわれあの、あれだったんだね。今、私日本人、あの、アメリカいんだけどさ、あんときは国籍無かったからね。[あー] そういう、そういう、あ、国籍無かった、あの、あの、気持ちはね。[はい。] あんたたちにはわからないと思うな。[うん、それは] you don't know ね。

R：経験してないですよね。

JB：とても、とても痛いです。とても痛いです、はい。[うん] でも痛い、痛いですよ、本当にね。Very, very, a painful ね。people、come to you place broke your house, and bye, good bye。[うん] You can not do anything, because uh, you have no power, no identification. Just a bunch of dog みたいなね。[うん] 残念ながら。I love you people, I love American, I love Japanese ね、but, since ね、あったからな。[うん] (笑) あれ、あれは too much。あれ、まだ痛い本当。本当、国籍ってね、国籍が無い人はとっても痛いですよね。[うん] I took a, plane to a, travel to ね、before ね、アメリカになる前ね。良く行ったんだね。Trust Territory of Pacific Islands。わかんない？わかるでしょう？

R：はい、Trust Territory of Pacific Islands。

JB：あすこね、あの、あれ、あの。パスポートで、I, I travel ね、I travel, I went to Singapore。

R：あー、そういうパスポート発行されたわけですね。

JB：ね、ね、yeah, Trust Territory of Pacific Islands traffic あ　の、あ。[うん] そのとき、あの、あれが作って、あれ、travel。Sometimes I travel ね。Go to Japan。My goodness. Have a hard time, all the time ね。「何だ、このパスポート。」

R：ちゃんと国になってるわけじゃないですね。

JB：そうそうそう、The officials, they, if you are in line ね。[うん]「おーちょっとそこで待ってくれ。」

R：ああ。時間かかっちゃうですね。

JB："You sit over there for waiting" Until everybody is finished and then go there ね。[うん] All kind of, you know, painful, experience ね。ありました。はい。

3.1.8 チャモロ語話者が話す日本語の特徴

チャモロ語話者の日本語にも当然個人差があるが、ここで1人のデータをケーススタディーとしてみる。以下のMVにはアスペクト表現の誤用がみられる。新聞記事をみせながらその内容を説明している場面であるが、「書いてある」という表現が「書いている」になっている。

MV：これは捕虜。出て来たんだよ、あのう。

R：あの村田さん？

MV：そう、あった？聞いたことあった？僕が出した。僕の運転だった。書いているんだ。

しかし、こうした文法的誤用がみられる一方、以下のような敬語の使用がみられる。

MV：これ、読んでごらん。

方言の使用もみられる。西日本諸方言の典型的な特徴といえるアスペクトのトル（～テイル）、また形容詞のウ音便（ヨウ＝良く）が使われている。

　　　R ：島の人は戦争の前は、日本の名前はなかったんですか？
　　　MV：サイパンない。パラオだけ。Andトラック。パラオはあのう、勤めているところの名前持っとるからな。

　　　MV：[島民は] 日本語ペラペラさ。だから、沖縄 [の人] が飲むときね、みんな隣だから、[彼らの話している内容が] ヨウわかるよ。

　　　R ：(米軍の写真を見ながら) そのときもやっぱマリアナスが関係してたんですね。
　　　MV：そうそう。陸軍、これもだから、孫、今 [米国の軍隊に] 行っとるんだ、これ。孫。

　　　MV：これも、日本の会ね。あんなのあれ、よう、よう行くよ、日本の、北海道とかね、これで行くんだよ。ぼくら、クラブある。南洋会、クラブ。南洋にいた日本人がね、毎年、あのあれがある。集まる。ね、ほら。せめて、400人、いつも。こないだ僕行ったとき、北海道で、あー、350人くらいね。
　　　R ：けっこう集まりますね。
　　　MV：そうそう。みんなあの、まだ元気の良いいるよ。[15]

　　　MV：あ、これがよう写ってるよ、あれ。これのユニフォームはあれしたからな。(ふーん) これみんな死んだんだよ。俺だけ生きてる。

15　この発言の意味は「元気の良いやつがいる」や「元気の良いのがいる」ということであるが、名詞や代用の「の」が抜け落ちている。この話者の日本語にはこうした表現がよく見られる。

R ：で、MVさんはこれですか
MV：もちろん（あこっち。）
R ：左から2人目ですね
MV：生意気の。[16]

R ：1年生のときに、もう日本語だったんですか。
MV：すこしわかるね。隣、子どもと遊ぶから。ね。みんな日本人がね、島民のうちを借りてるさ。[17] だから前の、隣、みんなどっかいたんだ、でみんな沖縄とか、日本人ね。隣。で一番いいところだ。
R ：それでもう、自然に子どもと一緒に遊びながら、ある程度。
MV：少しわかった。沖縄語もね。

日本語能力以外にも、戦前のサイパン人がかなり「日本人化」していた側面が現れる。例えば、当時の状況について日本語で語るとき、年代を元号で表現する。興味深いことに、西暦で表現するときには英語に切り替える。元号の使用以外にも、「支那」など当時の状況を反映する表現がみられる。

MV：アメリカ来たときびっくりしたよ。あんな金持ちかと思ったら……思わなかったね。
R ：それはいつ？
MV：昭和19年。
R ：やっぱり昭和で覚えていらっしゃるんですね。
MV：(笑) ややや。Nineteen Forty-four.

MV：何て言うかな、あのー政府の土地。……民有地。あ？　民有地ね
R ：国有地。
MV：あれはみんな、会社が、もの。で、大変高いあれしたんだよ。一番、

---

16 「生意気の」はナ形容詞の誤用。
17 「借りてるさ」に結果態の「ている」がみられるが、過去形の「ていた」になっていない。また、沖縄方言の文末詞「さ」がみられる。

> あの、大東亜戦争の始まる前ね、昭和18、あー16年までは、景気がいい一番。だが、nineteen-forty two、はもう、だめ。もう配給。Forty three がもっとすごい。で forty four が、もう、か、もういない、みんな、あの……兵隊、陸軍す、たくさん暮らすんだ、みんな支那から、暮らす。だが、ごちんでやるね。Submarines で。で入ったらね、なんにもない。

上述のサブラン兄妹の談話にも似たような発話があった。

> VS：ドイツ時代からね、お父さんなんかあのパラオ行ったんだよ、あの監督に。(VSA：会社のね) 仕事ね。で、ドイツが帰って、nineteen forty……nineteen fourteen。1914年にあの、に日本人が来た。で僕はその2年あとで生まれた、大正5年。1916年。

会話で使う方略も日本人ネイティブ（あるいは、少なくとも上級の学習者）と似ている。以下の発話のように、語彙が思い出せないときにも、戸惑ったり、日本語以外の単語を使ったりせずに、「アレ」で間に合わせる。

> MV：日本人が3万人いた。[18] 島の人、島民はね、3千人だけ。それ、もっと20倍も来たんだ。戦争があれしたとき。

> MV：そうそうそう。だから毎年来るんだよ、あのー、サイパンのあれ、見舞いに。

なお、次の例からわかるように、格言を日本語で覚えているのである。このように日本の教育が深く浸透していることがわかる。

---

18 「3万人」の発音が [san man nin] となっている。つまり、日本語では [m] の前の撥音／N／が同化し、[m] となるという音韻規則があるが、ここでは [n] のままである。

R ：いろんなこと経験してますね。戦前は。
MV：なせば成る。(笑う) わかる？ なせば成る。
R ：あ、なせば成る [笑]
MV：なさねば成らぬ。

3.2 チャモロ人以外の話者の日本語運用能力

3.2.1 戦前の日本語教育を受けたカロリン人

マリアナ諸島におけるスペイン時代からドイツ時代、そして日本時代を通して、支配者の文化や言語に同化する傾向が強いのはチャモロ人であり、比して、カロリン人は自給自足の生活を送り、自らの文化や生活様式、言語を保ち続ける傾向がある。この生活の違いが2つの民族の日本語能力にも反映されている。カロリン人はチャモロ人に比べ日本学習の期間が短く、使用する機会も比較的に少なかったのである。サイパン在住のカロリン人はトラック洲の西にある複数の島々からやってた。サイパンの北部 (タナパグ集落) に住むのはナモヌイト環礁の出身者である。中・南部 (チャランカノア、ガラパン、オレアイなどの集落) で暮らすのはラモトレック、サワタル、プルワット、プルスクからやって来た人の子孫である (Jackson & Marck 1991、図23)。次に取り上げるのは北部出身のRCの談話である。

＜学校生活＞

話者RCは、当時の学校生活について、次のように語ってくれた。

RC：私、公学校行った。学校はあのう、今China Town 言っている。
R ：学校の名前は？
RC：公学校。
R ：そこは日本人はいましたか、学校に？
RC：はい。私たちの先生は日本人。
R ：何という先生？
RC：私達の先生はカワシマ先生 and サキタ先生。

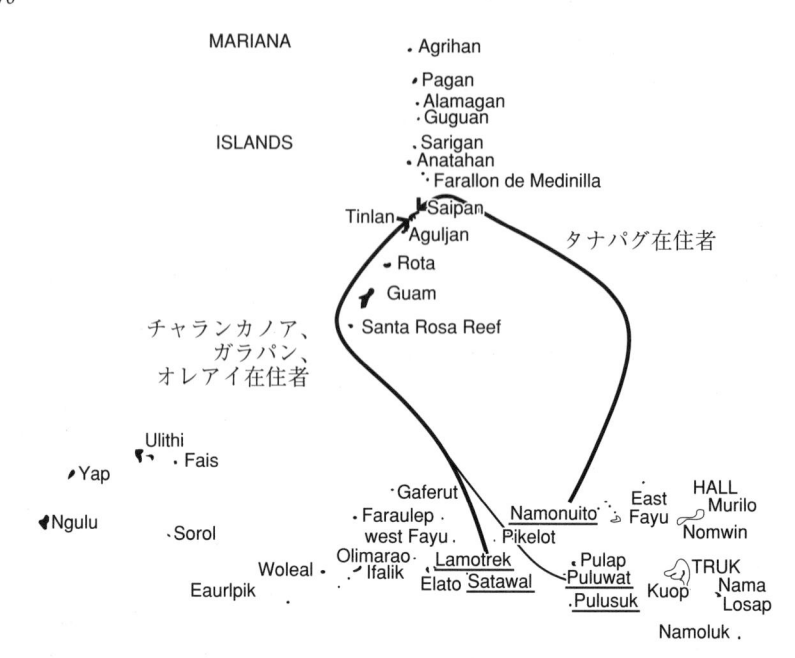

```
                    MARIANA        . Agrihan
                                   , Pagan
                                   . Alamagan
                                   . Guguan
                     ISLANDS       . Sarigan
                                   . Anatahan
                                   .・Farallon de Medinilla
                              Tinlan ↙Saipan
                                    Aguljan     タナパグ在住者
                                   - Rota
                                    Guam
    チャランカノア、        . Santa Rosa Reef
     ガラパン、
    オレアイ在住者
```

図23　カロリン族の移動

　RCは日本の単語が思い出せなかったとき、2つの言語行動をみせた。1つは英単語を導入することであり、もう1つは同席者にカロリン語でその日本語を尋ねるという方略である。調査を行ったのは、(英語を母語とする) ロングであるが、英語だけの文を作って答えるという行動にはでなかった。同席者のカロリン人友人は脳卒中による言語障害を患っていたので、積極的に話すことはなかったが、数度にわたって、「電車」や「お参り」など、RCが忘れていた単語を教えていた。

　登校する前に松江神社にお参りしていたことを次のように覚えている。当時の児童がみんな暗記させられた教育勅語の出だしの部分を覚えている。

　　RC：はい、uuh、私たち、学校に入ったら、先はあのう松江に行って［手をたたく］「朕、惟フニ我カ皇祖皇宗國ニシテイロハツクコト・・・」。済んだら、で学校入る。歩いて行って。先、あそこ、あの松江に、おど……何？

同席者：お参り。
RC：お参り。で済んだら、学に入って。参りしないと、gate に入ったら、校長先生、あのう、office から「座って！タナバコの人！」。私座る。一時、one hour、座って。あの校長先生が「上がって！」。あの時、私上がって、学校に入る、私のクラスに入る。とっても very strict、Japanese 学校。

　タナバコ（「棚箱」という漢字も当てられていた）は、タナパグに馴染めなかった日本人が付けた日本的な名称である。昔からチャモロとカロリンのそれぞれの居住地域が分かれているサイパンでは、タナパグがカロリン人地区として知られている。公学校には両民族の子どもが通っていたが、外観（チャモロよりもカロリンは肌の色が濃い人が多いとされる）や服装（カロリン人は日常的に頭にムワールという花輪をかむるなど）で校長は区別できたかもしれない。「座ってタナバコの人」とする発言は、個人の名前がわからなくても、カロリン人だとわかったということを示唆している。
　RC は、上に見たチャモロ人話者に比べて短文を多用しているが、複文の使用も試みる場面もある。文法的には合っていないが、言いたいことがわかるくらい日本語の語順に近い誤用である。

　R ：学校に入ったときは日本語話せましたか？
RC：いえ。日本語だけ。私達のことば言わない。ああ、言っていない。あの学校行ったら。
　R ：先生は１年生のときから日本人？
RC：１年生、２年生まで。１年生、５年生まで日本人は……だけなっている。
　R ：お父さん、お母さんとか、お兄さん、お姉さんは日本語話すことできましたか。
RC：んん。自分たちわかるけど。少し、何が日本人、自分たちに話して、自分たちわかるけど、自分たち話すと少し。あんまり上手じゃない。

最後の発話「自分たちわかるけど。少し、何が日本人、自分たちに話して、自分たちわかるけど、自分たち話すと少し。あんまり上手じゃない」を正しい日本語に直すと次のようになる。「自分たち<u>は</u>わかるけど。少し、日本人<u>が</u>、自分たちに<u>何を</u>話し<u>ている</u>かは、自分たちはわかるけど、自分たち<u>で</u>話すと少<u>ししか話せない</u>。あんまり上手じゃない。」話者の文法的誤用を直した箇所に下線を引いた。逆に言えば、下線のところしか直していないので、最初からそれほど滅裂な文になっていたわけではない。この話者はやや難しい内容を表現しようとしている割には文法的な正確さが高い。

　RCが通っていた学校は現在のガラパン地区にあって、タナパグから歩いて数十分かかるところであった。サイパン島ではサトウキビを運ぶ貨物列車が島をほぼ一周していた。子どもたちが列車の上に乗ったことを、RCが次のように語っている。

> RC：私たち、あのタナバコの学生はね。朝起きて、5時、in the morning、5時を from morning 5時、あのう、みんな一緒に歩いて行って、朝、松江まで pray（同席者：お参り）お参り、でみんな学校行って。金がないからバス乗るのできない。あの train、（同席者：汽車）汽車。あれだけ私たち乗る。私乗ったとき、こっちまでこの bridge、タナバコの bridge、で、私達の友達が「jump！」、あのう、jump。私 jump したとき、私の hand、手悪かった。で、あのう、this bridge、one hour, me, like that, nobody. 私の cousin が後ろ見たとき、私まだいる、草の上。私の cousin 出て来て、自分が私とった。自分の肩に、家まで連れて行った。私のお母さんが「今から、私、少しお金あげる。あるとき、50銭だけ。バス乗ると15銭。ガラパン行って、家へ戻って行って、行ったら、また15銭、30銭。

　上の内容をまとめると次のようである。ガラパンに向かう汽車がゆっくりとタナパグを通ったとき、子どもたちは木に登るなどして、通って行く汽車を待った。列車に積み上げられていたサトウキビの上に飛び降り、町までただ乗りしていた。午後には逆の方向の列車に乗って帰った。問題は汽車が個人宅の前で

停車したわけではないので、子どもたちは動いている汽車から飛び降りなければならなかった。RC は着地に失敗して手に怪我をしたのだが、汽車に乗っていた従兄弟がそれに気付いて、のちに助けに来た。この内容も面白いが、可能表現の作り方（乗るのできない）など、中間言語研究からみても興味深い箇所がある。

3.2.2　トラック出身のサイパン居住者

　これまでの体験談からもわかるように、戦前の南洋地域は多言語社会であり、そしてそこでの共通言語の役割を果たしたのが日本語であった。しかし、サブラン兄妹の話からみえたのは、戦後も半世紀以上にわたって、日本語がリンガフランカとして使い続けられていたという実態である。

　2005年9月のサイパン調査では、トラック出身のサイパン島永住者 BP と話すことができた。BP は、戦前に父親のようだったヒラノ・ケンゾウという日本人の名をとって、自分のことをマサオ・ケンゾウと名乗っていた。彼は戦後船乗りの仕事をしていたが、船上でも、各島に入港した際にも日本語が共通言語として役立った体験を語っていた。

　　　R：その船に乗ったときに、同じ船乗り同士で、日本語を使ったとおしゃってましたけど、島に入ったときもそうだったんですか？　例えばパラオに行ったり、
　　BP：はい。パラオ、はい、日本語もちろん、日本語。
　　　R：まだ、通じたわけですね。
　　BP：はい。日本語が通じていたから、日本語でしゃべっていたんです。
　　　R：あ、そうですか。マーシャルとかも大丈夫だったんですか？
　　BP：はい。マーシャルも日本語。ポナペも日本語。

3.3　まとめ

　以上、サイパンの高年層が話している日本語の実態やその歴史的背景を、面接調査で得られた談話データを中心に考察してきた。まとめると、次のような

ことがわかった。

- 日本人の割合が高かったため、南洋の他の地域の話者に比べて、サイパン人の日本語能力は高い。
- チャモロ人はカロリン人に比べて、日本人（日本語）と接触したり学習したりする機会が多かったため、日本語能力が高い。
- 文法能力が不完全な話者でも、コミュニケーション能力は高い（様々な方略を使いこなす）。
- 戦後も、日本人がほとんどいないところでは日本語はリンガフランカとして使われていた。

第4章

「名詞＋する」の生産性

4.1 マリアナ地域にみられる「名詞＋する」

　標準日本語では、「休憩する」、「出港する」のように「名詞＋する」の形がよく用いられる。しかし、どの名詞においても「名詞＋する」が形成できるわけではなく、「汽車する（汽車に乗る）」や「動物園する（動物園へ行く）」などは標準日本語では使用することができない。このことについては、松岡（2004）に言及されており、動詞「する」と結びついて複合動詞を形成するような漢語名詞について、漢語名詞の動詞性をアスペクト修飾テストと意志・活動を表す語句による修飾テストによって測ることで動詞性を持った漢語名詞が「する」と結びつきやすいという点が明らかにされている。一方、マリアナ地域の残存日本語では、標準日本語の「名詞＋する」とは異なる運用で、より生産的に「名詞＋する」の形が使用されている。以下では、マリアナ地域の残存日本語にみられる「名詞＋する」の形を示すことにする。

1．　CK：それでかわいそう私。それで、私ただ1年だけ<u>学校した</u>（学校へ通った）。それで、ね、お金あったら、学校、で、できるよ。はー、このアメリカ、あ、日本人ね。とってもあれ、と違うよ。

2．　CK：うん。(自分の親父が) 病気にね、病気にそれで<u>写真した</u>（写真を撮った）。うちの。(写真を指しながら) これあたしの親父。

3．　CK：このアメリカ (の人が今は多くいる)、前、日本人 (が多くいた)。それ俺、本当、嘘しなかった。あっきり (はっきり)、それ (日本の軍隊に父親が殴られた話しについて) <u>嘘したら</u> (嘘をついたら) いけない、ね。それで、そう。

4．CK：みんなそこ働いて、みんな（沖縄の人たちが）<u>歌してる</u>（歌を歌ってる）んだ。

5．CK：（自分が沖縄に行ったときに）あー、ドルも無い（ドルが使えない）。（沖縄の人たちが）<u>店した</u>（お店を開いていた）。おれが、自分泊まる。綺麗な家。

6．SB：（サイパンでは）これ日本の<u>汽車してる</u>（汽車が走っている）、7号持ってる。

7．BP：（爆弾を使って漁をするとき）そー、タイミング、そーと<u>タイミングしなかったら</u>（タイミングを合せなければ）、間違ったら、もダメ（爆弾が爆発して腕が無くなってしまう）。

8．CK：うん、あたしの子ども、2人、あのベトナムに<u>戦争した</u>（戦争に行った）よ。今、1人、もー死んだ。病気。

9．CK：また、日本人（日本の軍隊）があのー、大きい、あの、井戸みたい（を掘っていた）。それ、もし（島民が）何したら、みんな、あの、（日本の軍隊が島民を）呼んで、それでみんな1人1人<u>殺ししてる</u>（殺していた）、本当、昔、ロタ、ある。

ここにみられるように、マリアナ地域の残存日本語では、1から7と8、9では、「名詞＋する」の生成過程が異なっているのである。

1から7では、「名詞＋する」の形は、

1´ CK：それでかわいそう私。それで、私ただ1年だけ<u>学校した</u>（学校へ通った）。それで、ね、お金あったら、学校、で、できるよ。はー、このアメリカ、あ、日本人ね。とってもあれ、と違うよ。

のように、「学校した」を「学校へ通った」という意味で「名詞＋する」の形を使用している。この点に関しては、日本語を第二言語として習得した人にとって「通う」という動詞が覚えきれないために「名詞＋する」の形を使用して、そこで語彙の少なさを補っているのではないかと考えられる。

　一方、8、9は、1から7とはその性格が異なる。ここでの「名詞＋する」は、

　　8′　CK：うん、あたしの子ども、2人、あのベトナムに戦争した（戦争に行った）よ。今、1人、もー死んだ。病気。

のように、「ベトナムに戦争した」が、「ベトナムで戦争した」もしくは、「ベトナムへ戦争しに行った」のように複数のとらえ方ができるわけで、「名詞＋する」の形を使用した要因については複雑であり、一概にその原因について言及することができないのである。

4.2　他地域にみられる「名詞＋する」

　上に示したように、マリアナ地域の残存日本語では、「名詞＋する」の形が標準日本語よりもより生産的に使用されている。ところで、マリアナ地域の残存日本語以外にも、「名詞＋する」の形が標準日本語より生産的に使われている地域がある。高江洲（1994）には、沖縄で話されているウチナーヤマトゥグチの中で「名詞＋する」が使用されているということが述べられている。以下、その例を示す。

　　あじする（味見をする）
　　においする（嗅ぐ、においがする）
　　ほうきする（掃く）
　　先生する（先生という職業につく）
　　悪口する（悪口をいう）
　　いっぱいする（いっぱいになる）

このように、動詞「する」が名詞と組み合わさって、動作や状態を表現する動詞を作っているとしているのである。ここで言及されている「あじする（味見をする）」と「においする（嗅ぐ、においがする）」については、自動詞の「あじがする」、「においがする」を他動詞のように使用しようとして「名詞＋する」の形になったのではないかと考えられる。

また、われわれがかつて言語調査を行った沖縄本島、奄美大島、南大東島などで話されているウチナーヤマトゥグチやトン普通語においても、「不参加する（参加しない）」、「声かけする（声をかける）」、「ひざまずきする（正座する）」、「方言する（方言でしゃべる）」、「いっぱいする（混んでいる）」、「不敬語する（普段しゃべっていることばで話す）」のように「名詞＋する」の形が標準日本語よりもより生産的に使用されていた。

さらに、「名詞＋する」の形は、ロング（2002）においてもその使用が確認されている。そこでは小笠原の欧米系島民の使用する小笠原混合言語の中に「日本語しても意味しない（日本語をやっても意味がない）」のような表現が用いられていることを指摘している。さらに、ロング・橋本（2005）の中でも「傷する（軽いけがをする）」、「味する（味見する）」のような表現の存在を紹介している。

4.3　第二言語習得者にみられる「名詞＋する」

「名詞＋する」の形は、日本語を第二言語として習得した在日コリアン一世の日本語の中でも広く使用されている。金美善（1998）は、在日コリアン一世の日本語使用を調査して、以下のように述べている。

> 「－する」が動詞の連用形あるいは名詞に用いられ、活用全般を簡略する現象を母語の干渉という観点から考察すると、日本語の「－する」に対応する韓国語の「－hada（する）」の統語的類似性にその要因を求めることができる。韓国語の「－hada（する）」の統語機能は、日本語の「－する」と同様、本動詞の機能以外に補助動詞として固有語、漢語、外来語などに後接し動詞化する機能を持つ。この統語的類似性が「－hada（する）」と「－する」を同一視し、さらに類推による過剰適用の要因になったのではない

かと思われる。

以下、金 (1998) で取り上げられている、在日コリアン一世の日本語の中にみられる「名詞＋する」の形を示す。

10. そーして、やきもちしたり（やきもちをやいたり）、喧嘩したりしてるみたいやねん。
11. そんな冗談したら（冗談を言ったら）、喧嘩なる、決まってるやんけ。
12. うん、うん、テレビした（韓国の映画がテレビに出た）ときは見る。
13. 友達みんな大学した（大学を出た）子ばかりや。
14. また、地震する（地震が起こる）からな、潰れたら直す、ゆって……。

4.4 「名詞＋する」の特徴

以上のことを鑑みるに、「名詞＋する」の形は、第二言語習得における中間言語形式として位置付けられるのではないかと考えられるのである。

ウチナーヤマトゥグチに関しては、高江洲 (1994) が、伝統的な琉球方言から標準語に移行する過程において生まれた方言の干渉を受けた標準語であるとしている。また、Shibatani (1990) は、伝統的な琉球方言は標準日本語とは独立した言語のように感じられるとし、伝統的な琉球方言と標準日本語とでは相互理解が難しいのではないかと述べている。以上の点を考えると、第一言語として伝統的な琉球方言があり、第二言語として標準日本語を習得した結果のウチナーヤマトゥグチがあるとみなされるのである。

また、小笠原混合言語に関しては、ロング (2002) において、小笠原諸島で日本語が使われ始めたときにはボニンピジン英語を母語として習得した人がいたと考えられ、小笠原島民の第一言語は混合言語そのものであり、（標準）日本語、（標準）英語をその後に別々に習得したとした。つまり、欧米系島民は、第一言語として小笠原混合言語を習得しているので、彼らの日本語は第二言語として習得されたものであると考えるのである。

次に、マリアナ地域や沖縄、奄美大島、南大東、小笠原、在日コリアン一世

の使用する日本語において「名詞＋する」の形を使用する背景について考えてみたい。第二言語として日本語を習得した人は、日本語の語彙量が多くはない。そこで、標準日本語でも使用されている「名詞＋する」を拡大解釈し、より生産的に使用する。つまり、これらの地域では標準日本語の「名詞＋する」の形への類推によって過剰一般化が起きているのだと考えるわけである。「名詞＋する」の形を生産的に使用することで語彙力を補い、会話を円滑に進めている。すなわち、会話を円滑に進めるためのストラテジーとして、「名詞＋する」が使用されているのではないかと推測するのである。

　なお、マリアナ地域の残存日本語においては、「名詞＋する」のように、名詞のみに動詞「する」が組み合わさっているのだが、高江洲（1994）によると、ウチナーヤマトゥグチでは、形容詞、副詞（擬声・擬態語）にも動詞「する」が組み合わさっているということである。その例を示す。

　　「形容詞＋する」
　　うれしくする（うれしがる）
　　くやしくする（くやしがる）
　　すきする（好く）

　　「副詞＋する」
　　ぴかぴかする（ぴかぴか光る）
　　めー　ぱちぱちする（目を　ぱちぱち　させる）
　　てー　ぱんぱんする（手を　ぱちぱち　たたく）
　　はーはーする（思うようにできず苦しがっている）

　すなわち、マリアナ地域の残存日本語よりもウチナーヤマトゥグチの方が、より生産的であり、そこでは形容詞、副詞までにも動詞「する」を組み合わせて使用しているようなのである。

第5章
「の」による修飾

5.1 名詞修飾節に関する研究

　第二言語習得における名詞修飾節に関する研究は今日盛んに行われている。奥野 (2005) は、「の」の過剰使用に関する習得研究をめぐって、日本国内の日本語教室で指導を受けている成人学習者 (中国語・英語・仏語・独語・スペイン語・韓国語母語話者) を対象に調査研究を進め、「の」の過剰使用について、「格助詞の過剰般化」、「言語処理のストラテジー」、「同一修飾部における多様性」、「言語転移の可能性」等の観点からの検討を行い、これらの要因が複雑に作用して「の」が過剰に使用されることを指摘している。

　また、大関 (2003) は、Adamson (1990) で提唱されているプロトタイプ・スキーマを援用して、日本語学習者の「～とき」の習得過程を説明している。ロシア語を母語とする初級日本語学習者1名の「～とき」の習得過程を観察して、「～とき」という意味を表すために母語のルールを転移させたと思われる形式「いつ～」と目標言語形式の「～とき」の2つの異なる形式の使用が同時期にみられたが、その後、「いつ～」の使用が減り、徐々に「とき」に収束していくという様相を明らかにしているのである。これは、学習者が、目標言語の形式に関して「＋タ形」「＋過去」「＋習慣的動作」のようなプロトタイプ的なスキーマを作り出す中で、そのプロトタイプ・スキーマに近いものから変異 (variation) が消えていき、中間言語が再構築されていくという結論である。

　さらに、大関 (2005) では、Keenan&Comrie (1977) で提唱されている「関係節化の可能性の階層 (NPAH)」を検証しつつ、関係節化されやすい階層を言語類型論的な分布によって序列化している。そして、関係節化されやすいものとは、具体的には、主語 (SU)、直接目的語 (DO)、間接目的語 (IO)、斜格 (OBL)、所有格 (GEN)、比較級の目的語 (OCOMP) であるとしている。大関は、この階層を、タガログ語を母語とする5名の自然習得者へのインタビュー、3名の

学習者の約9か月間の発話資料、及び初級から超級までの90名を対象にしたOPIインタビューの3種類の資料を使って検証したのである。そして、学習者の名詞修飾節産出難易度には、NPAHが予測するような文法関係の影響よりも、むしろ学習者が修飾節を被修飾節の有生性によって使い分けていることがかかわっているとする結論を導いている。

金玄珠（2002）は、韓国語話者2名の発話データにおける「の」の脱落傾向を調べ、その傾向がKYコーパスでの初・中級レベルの韓国語話者にもみられるかどうかを検証している。その結果、特に「あと」や「とき」のような被修飾語の前では「の」の脱落による誤用が多く観察されたが、そこには、韓国語の構造が転移された「の」の脱落による誤用の可能性があるとしている。そして、＜「の」の誤用＞とかかわる要因として、＜連体修飾表現で修飾語と被修飾語の間に「の」を挿入するという誤用の仮説＞、＜名詞と形容詞の見分けにくさ＞、＜「の」の使用に日本人の常識や言語感覚、造語能力等相対的尺度が働いていること＞、＜連体修飾表現における被修飾語と「の」の結束の強弱＞、＜意味の優先づけによる「の」の脱落＞、＜母語からの転移＞、＜連体修飾の「の」の持つ音声的な特徴＞などを挙げている。

本研究では、マリアナ地域で話されている日本語の中に観察される名詞修飾を、以上の先行研究を参考にしつつ、多面的に検証していきたい。

5.2　修飾の類型

名詞による名詞修飾の場合、正用、誤用を含む5つの構成形式が考えられる。

表2のように、「名詞＋名詞」の形は、名詞と名詞の間には何も入れない（ゼロ）が義務的であるため、＜口喧嘩＞のように正用である場合と、＜学校生徒＞のように誤用である場合とが考えられる。「名詞＋の＋名詞」の形は、名詞と名詞の間に「の」が入ることが義務的であり、＜学校の生徒＞のように正用である場合と、＜口の喧嘩＞のように誤用である場合とが考えられる。また、「名詞＋の＋名詞」の形は、日本語においても、名詞と名詞の間に「の」を入れても入れなくてもよい「軍隊（の）経験者」のような場合がある。

表2　名詞による修飾

標準日本語		中間言語		
特徴	例	正誤	構造	例
ゼロ形式が義務的	口喧嘩	正用	名詞＋名詞	口喧嘩
		誤用	名詞＋の＋名詞「の」挿入誤用	口の喧嘩
「の」が義務的	学校の生徒	正用	名詞＋の＋名詞	学校の生徒
		誤用	名詞＋名詞「の」省略誤用	学校生徒
「の」でもゼロでも可能	軍隊経験者、軍隊の経験者	正用	名詞＋名詞	軍隊経験者
		正用	名詞＋の＋名詞	軍隊の経験者

　イ形容詞・ナ形容詞、動詞による名詞修飾の場合の正用、誤用については、次の6つの構成形式が考えられる。

　　イ形容詞＋名詞（正用）　　　青い花
　　イ形容詞＋の＋名詞（誤用）　青いの花
　　ナ形容詞＋な＋名詞（正用）　綺麗な花
　　ナ形容詞＋の＋名詞（誤用）　綺麗の花
　　動詞＋名詞（正用）　　　　　食べるもの
　　動詞＋の＋名詞（誤用）　　　作るの人

　「イ形容詞＋名詞」は、イ形容詞と名詞の間に何も入れない＜青い花＞のような形が正用であり、「イ形容詞＋の＋名詞」は、＜青いの花＞のように、イ形容詞と名詞の間に「の」が入ると誤用となる。「ナ形容詞＋な＋名詞」は、＜綺麗な花＞のように、ナ形容詞と名詞の間に「な」が入るのが正用であり、「ナ形容詞＋の＋名詞」は、ナ形容詞と名詞の間に「の」が入ると誤用となる。「動詞＋名詞」は、＜食べるもの＞のように、動詞と名詞の間に何も入らないのが正用であり、「動詞＋の＋名詞」は、＜作るの人＞のように、動詞と名詞の間に「の」が入ると誤用となる。このような名詞、イ形容詞、ナ形容詞、動詞による名詞修飾の類型をマリアナ地域の残存日本語に適用し、以下、その中の特に誤用に焦点を当てて検討していきたい。

5.3 名詞による修飾

5.3.1 「の」省略誤用

マリアナ地域の日本語の中で、「名詞＋ゼロ＋名詞」（誤用）になっている例を掲げる。これらは「の」を省くことによる誤用である。

1． ME：ありがとう、けど、あんまり他こー話すことできないね。なんて言うの、戦争時代にはロタへ、あの、なに、歌をうたってるとこへ、<u>学校生徒</u>の、日の丸赤い、なんて言うかな、あれちょっと忘れたね。ほんと。もー今もーお婆さんだから、もーちょっと日本語忘れていますね。

2． ME：爆弾の冬に、爆弾落ちたでしょ、あまりうるさくて、耳が、あの、して、怖いでしょ、だからあれで死んでしまった。爆ほうっていうの。なんて言うの爆ほう、なんて、爆ほう、爆弾が落ちたら怖いでしょ、だからあんたのお腹全部、あの、セキやってますね。そのためで死んでしまった、わたしの弟と、<u>二人弟</u>。

3． ME：そうそう、と、<u>今時代</u>は、チャモロとアメリケンのことばね、ちょっと、あのー、今、慣れていますよ、<u>アメリカことば</u>ね、だから、あんまりごめんなさい、本当に、私は日本語あんまりしゃべれないからね。ごめんなさい。うん。

4． ME：いやいやいや、前から南洋に来たの、そして、南洋来たときにお母さんと結婚したでしょ。そして、長らく南洋におったんですよ、お父さんね。で、結婚したときにロタおいて、ロタで住んで、私たちはもー<u>赤ちゃんとき</u>からあのー、ロタに行った。そして、お父さんの子ども、私、女3名、男1人生きてます。弟、お兄さん2人ロタへ死んで、サイパンへ1人

を死んで、テニアンへ2人を死んで、そして、私の兄さんと姉さん、1人サイパンを死んで、1人お兄さんはグアムへ死んで。そして、今、嫁だけいます。弟と私の妹。私が姉さんです、今。私が姉さん。

5．CK：あー。だ、それで殴ってあれだよ。それ、どうしてこれ殴る、この女。この娘、真面目。あーし毎日、<u>夜仕事</u>。5時ごろ、ワンパス、朝待って、さ、飛行機また来る。この、日本人の飛行機。はー酷いよ、本当、日本人、ロタ。おー私のお父さん病気。さー仕事できないでしょ。それで、このアメリ、日本人、殴った私のお父さん。あんたそう言った、殺すよ。それでうちのお母さん泣いて、泣いて。それで、子どもさかったさ。セレブ来て、あたし助けた。それ、おれ、とっても、あれ、本当。それで、平和ね。1年、5年。あー6月で解除。戦争。この、

6．CK：あー、上手ね、あんた。<u>日本人話し</u>。それ言った、私学校したから。それで。本当、あたし頭いいよ。みんなわからない日本人。わたしだけ。

7．FA：2歳。あー。そして、あれであのー<u>空襲</u>ときは、もーできないね。何でもしない、あのー、また畑のあの兵隊さんの、あー食べ物に、の、仕事ね。あのー芋か植えて、あのー野菜、の。

8．JB：そうそう。はははは。なんだ、みんな、おかしいなこれもう。これ聞いた、聞いた……。なんだ黒くねーじゃねーかよ。そうじゃねえか。ははは。みんな南洋から来たはず、黒いかと思ったんだね。あの南洋の黒い、色が黒い。これ<u>南洋住民</u>。はははは。ま、とにかく、あの、東京来てね、……、あの、……写真ありますよ。あの、あの、図書館、なんて言うの。

9．　SB：綺麗、綺麗。ガラパン町。

10．　SB：日本人観光だけ。コリアンと在日は全然落とさない。

11．　VC：誰が、あの、責任か。で、その学校掃除全部やるんですよ。学校、学校、あのなんですか、級ね、1つ。

12．　JS：だから僕が、今、今でもね、同級生集まりに、この、この……なの。

13．　EC：サイパンで、みんなチャモロ語ことばと Spanish と同じことば。みんな混じってるね。

14．　EC：4人男と、9人の女。今、孫が17、36人。

15．　MV：ああ、大久保写真、あれは、あ、土浦。

5.3.2 「の」挿入誤用

次は「名詞＋の＋名詞」（誤用）の例である。すなわち、「の」を付ける（挿入する）ことによる誤用である。

16．　VC：だか、本気になったんだったらね。It really happened, you know, so I can not be forget. Although, I have a argument with the Japanese friends but we never fight. Only 口の喧嘩でね。Argument しながら、負けたしょうがないですよ。これ負けたら、怒る必要がないんですよ。怒って喧嘩するたち、私と全然。馬鹿にされるということはないし、文句も何もない、友達同士でね、まー、兄弟同士で家の近所で全部してます。

5.3.3 名詞による修飾の集計

名詞が名詞を修飾する場合の使用例を以下の表にまとめた。「の」省略誤用が21回起きているのに対して、「の」挿入誤用は1回しかみられなかったことがわかる。[19]

表3 名詞＋「の」／ゼロの集計

標準日本語形式　　中間言語形式　話者	「の」による名詞修飾（名詞＋の＋名詞）		複合名詞（名詞＋ゼロ＋名詞）	
	正用	「の」省略誤用	正用	「の」挿入誤用
EC	90	2	6	0
FA	19	2	0	0
ME	60	5	3	0
CK	46	3	1	0
SB	24	4	13	0
MV	55	1	20	0
JB	79	1	14	0
JS	32	1	11	0
VC	96	2	14	1
JJ	60	0	15	0
AB	34	0	5	0
BP	25	0	11	0
合計	620	21	113	1

5.4 ナ形容詞・イ形容詞による修飾

5.4.1 ナ形容詞＋「の」の誤用例

以下には、ナ形容詞の名詞修飾にあたって、ナ形容詞と名詞の間に「の」を入れ、「ナ形容詞＋の＋名詞」の形をとっている例を掲げる。

17.　R：あ、カノアは可能ですか？

---

[19] 表での値は異なり数で集計している。なお、インフォーマント別に集計しているので、他のインフォーマントと同じ正用、誤用が出てきても1つと数えている。イ形容詞、ナ形容詞、動詞の集計に関しても同様の集計方法をとっている。

　　　　VC：可能の道という名前があって、で。
　　　　 R：で、日本時代はなんと言ってたんですか？
　　　　VC：チャランカノア。

18.　　 R：そーなんですか、2人で会話するときは日本語ですか？
　　　　ME：そうそう。で、友達たまに、あの、遊びに来ますから日本語
　　　　　　しゃべって、ただ、冗談みたいのはなし、あんまり深くない
　　　　　　ね。それであんまり日本語わかりません。

19.　　ME：簡単の日本語だけしゃべっていますね。あんまり他へ、日本
　　　　　　語は、もー、私はわからない。

20.　　 EC：あたし小さいから、今覚えてるもの、たくさん。あの、その、
　　　　　　み、それをそれから始まる、で今まで、商売やっていろいろ
　　　　　　の仕事やって。

21.　　 EC：戦争が終わってから、みんな、あの、record, like a record、し
　　　　　　たっけ？チャモロの人は、特別。沖縄も特別。あー、Korean、
　　　　　　そう、みんな特別の人はあけて入ってる。

22.　　 EC：そう、自由のときは、先生はまだ大丈夫。

5.4.2　イ形容詞＋「の」の誤用例

　以下には、イ形容詞による名詞修飾にあたって、イ形容詞と名詞の間に「の」
を入れ、「イ形容詞＋の＋名詞」の形をとっている例を掲げる。

23.　　 EC：今、これ新しいの窓ね。

24.　　 CK：おー泣いて、泣いて、全部死んだ。またあたし、行ったのロ
　　　　　　タ。あのー向こうある。なにか、あのー、なにか作るでしょ。

このコップ、皿、あのー、タラカーザと名前。それで、また日本人来て、もー、兵隊でしょ。たくさん軍艦ね、あの、<u>大きいの軍艦</u>、のアメリカ。

25. SB：仕事たくさんある。お金たくさんある。怠けてる人だけね、ないんだよ、ね。サトウキビ会社もある。タピオカ会社もある。water会社もある、ね。麻、木で作る。
    R ：はい、ええ。
    SB：<u>細いの木</u>、こう麻。

26. MV：この、この辺の<u>近いのとこ</u>。
    R ：ああ。
    MV：それがね、僕ら、あれ、高い塔。知ってる、あの、飛行機ビル、電気。

5.4.3 イ形容詞、ナ形容詞＋「の」の集計

　イ形容詞、ナ形容詞の名詞修飾の場合、通常は「イ形容詞＋名詞」、「ナ形容詞＋な＋名詞」のように名詞を修飾するが、マリアナ地域の日本語では、「イ形容詞＋名詞」、「ナ形容詞＋な＋名詞」のように正用の形で名詞を修飾している場合と、「イ形容詞＋の＋名詞」、「ナ形容詞＋の＋名詞」のようにイ形容詞、ナ形容詞と名詞の間に「の」を入れてしまう誤用とがある。そこで、「イ形容詞＋名詞」、「イ形容詞＋の＋名詞」、「ナ形容詞＋な＋名詞」、「ナ形容詞＋の＋名詞」の4つのパターンを考慮し、マリアナ地域での調査から得られたデータについて、その数を集計した。ここではイ形容詞の2パターンとナ形容詞の2パターンをそれぞれ集計し、イ形容詞とナ形容詞のそれぞれの合計を出した。また、イ形容詞、ナ形容詞それぞれの総数に対するイ形容詞、ナ形容詞の正用、誤用の合計から、「イ形容詞＋名詞」、「イ形容詞＋の＋名詞」、「ナ形容詞＋な＋名詞」、「ナ形容詞＋の＋名詞」の割合を導き出した。

　その結果、イ形容詞、ナ形容詞の名詞修飾の際での、「イ形容詞＋名詞」は81例、「イ形容詞＋の＋名詞」は8例であった。一方、「ナ形容詞＋な＋名詞」は25

例、「ナ形容詞＋の＋名詞」は14例であった。以下に、その集計結果を掲げる。

表4　イ形容詞、ナ形容詞＋「の」の集計

	形容詞			
	イ形容詞＋名詞 （正用）	イ形容詞＋の＋名詞 （誤用）	ナ形容詞＋な＋名詞 （正用）	ナ形容詞＋の＋名詞 （誤用）
EC	10	4	5	8
FA	0	1	0	1
ME	7	0	0	3
CK	9	1	2	0
SB	3	1	1	0
MV	13	1	1	0
JB	8	0	1	0
JS	5	0	1	0
VC	6	0	9	2
JJ	8	0	2	0
AB	5	0	0	0
BP	7	0	3	0
合計	81	8	25	14
	91.01％	8.99％	64.10％	35.90％

5.5　イ形容詞とナ形容詞にギャップがみられる原因

　名詞修飾における「イ形容詞＋の＋名詞」の割合は約9％であった。一方、「ナ形容詞＋の＋名詞」の割合は約36％であり、「イ形容詞＋の＋名詞」と「ナ形容詞＋の＋名詞」の割合の間には明らかな開きがある。このように「イ形容詞＋の＋名詞」と「ナ形容詞＋の＋名詞」の割合に差が生じた要因としては、以下の3つの原因説が考えられる。

5.5.1　「名詞への類推」説

　「ナ形容詞」の方が、「イ形容詞」に比べて名詞性が高い。例えば、「自由な時間」のような「ナ形容詞＋な＋名詞」の場合の修飾語としての「自由」もあれば、「自由がない」のような言い方や「自由時間」という複合語があり、名

詞に近い性格を持っているといえる（もちろん、日本語の歴史を考えても形容動詞の「な」は「なり」に由来するので、この点においても形容詞よりも名詞に近い）。ナ形容詞のほうが（イ形容詞に比べて）名詞に近いと認識されているならば、名詞による修飾と同様「の」を使用する意識（つまり、名詞への類推）が働くと考えられる。なお、この説には問題点もある。名詞による修飾の場合、「の」挿入とゼロ形式の2つの選択がある。名詞への類推だけが原因ならば、「じょうずひと」（上手人）のような誤用も予想されるのだが、今回のデータにはそうした「省略による誤用」はナ形容詞にはみられなかった。

5.5.2 「少数派」説

「ナ形容詞」の場合、理論的に考えれば、(1)「な」の挿入、(2)「の」の挿入、(3) 何も挿入しない（ゼロ形式）といった3種類の選択がある。(2) の「の」が使われるのは多く名詞による修飾（および「親への手紙」などのように様々な品詞のうしろに付く）で、(3) のゼロ形式が使われるのは数の多い動詞やイ形容詞であるが、「ナ形容詞」は数が少ない。(1) のように「な」を挟むものは品詞的に少数派である。そのために、より一般的である「の」を使う誤用が多くみられるのである。

5.5.3 過剰修正説

チャモロ語の文法でも「形容詞＋na＋名詞」という形で接続不変化詞 na で名詞が修飾される。

　　　　　　i yemmok　na　palao'an（太い女性）　　（形容詞＋na＋名詞）

マリアナ地域の人たちが母語である接続不変化詞 na を使用しないように過剰修正したために、「ナ形容詞＋の＋名詞」という誤用の形が「イ形容詞＋の＋名詞」よりも多くなったのではないかとも考えられるのである。すなわち、チャモロ語の文法では、na という接続不変化詞が使われるので、＜「ナ」を使ってはいけい＞または＜「ナ」の使用はチャモロ語の干渉ではないか＞といった不安から、過剰修正が起きているのではないかという推測である。

5.6　動詞による修飾

5.6.1　動詞＋「の」の誤用例

　以下に、動詞による名詞修飾の際に、動詞と名詞の間に「の」を入れて、「動詞＋の＋名詞」の形をとっている例を掲げる。

27.　EC：で、とっても学芸会あるときに、
　　　R ：うん。
　　　EC：いつでも、歌うの歌の学芸会ダンスの学芸会も。

28.　EC：１週間位はもーわかる。なに、なにが先生がやってる、話してるか。もう２年生だったら、もーすぐみんな覚えてる。３年生だったら、もーずっとみんなに話しできる。
　　　R ：あー。
　　　EC：で、私たちの先生は、この、他の生徒はそうじゃない。みんな、みんな、違うのやり方。

30.　ME：あのとき、ロタへ、あー大きいあのなに、なんて言うの、あのー、穴を、Japaneseが。あのー穴を掘って、とっても深い、とっても深い。あのーなに、あー、電気とかなんでも、もー北行ったらね、見えない、とっても深い。あの考えは日本人は、あの、全部殺すの考えです。

31.　FA：あー、みんなあたいわかるんだよ、何の。前のご飯食べてる。今は、だけど、同じくないね。前と今。もー作るの人は、もー死んだんだろ、年寄りね。みな、今、若い、そんなに自分たちは、あー、あんまりいってない。けど、あたいは一番Japaneseのことは、なに、あー寿司。

32.　FA：うん。そして、ロタに行ったときは３年生に、学校入ったんだ

　　　　よ、ね、あのー Japanese。
　　R ：公学校の3年生。
　　FA：公学校。
　　R ：はい。
　　FA：そして、あのー、ご、3年生に進んだの学校は。
　　R ：はい。

33.　R ：お茶、結構作れるんですか。
　　FA：うーん、作ってる、今はあるんだよ、家で。お父さんは、お茶のお父さんの、自分があのー加工しているんだよ、あのーシャンプーと、んとーなに。
　　R ：石鹸？
　　FA：石鹸。浴びるの石鹸ね。あれは、あんまりあたいわからないけど、あたいたちは、教えてたんだよね。お茶作ってるんだよ。あれはとってもいいんだよね。
　　R ：そーうですね。

34.　FA：あのーなに、1年生の歌は、わかるけど、今だったらあんまりね、考えてない。あのー、なにの、歌、と、あれで、あのー、旗の立てるの歌はね、始めるのは忘れているけど、覚えているんだよ。

5.6.2　動詞＋「の」の集計

　動詞の名詞修飾の場合、通常、「動詞＋名詞」となるが、マリアナ地域の日本語では、「動詞＋名詞」のように正用の形で名詞を修飾している場合と、「動詞＋の＋名詞」のように動詞と名詞の間に「の」を入れてしまう誤用とがある。そこで、「動詞＋名詞」、「動詞＋の＋名詞」の2つのパターンを考慮し、マリアナ地域での調査から得られたデータについてその数を集計した。また、その2パターンを合わせたものを総数として集計し、その総数に対する、「動詞＋名詞」、「動詞＋の＋名詞」のそれぞれ合計の割合を導き出した。

その結果、動詞の名詞修飾において、「動詞＋名詞」は239例、「動詞＋の＋名詞」は9例であった。以下に、「動詞＋名詞」、「動詞＋の＋名詞」の集計結果を掲げる。

表5　動詞＋「の」の集計

	動詞	
	動詞＋名詞（正用）	動詞＋の＋名詞（誤用）
EC	22	2
FA	5	4
ME	30	2
CK	3	1
SB	5	0
MV	26	0
JB	28	0
JS	19	0
VC	69	0
JJ	10	0
AB	12	0
BP	10	0
合計	239	9

5.7　「の」の誤用の原因

　マリアナ地域の日本語にみられる「動詞＋の＋名詞」の誤用（「進んだの学校」、「浴びるの石鹸」）の原因について考えれば、原因は1つだけではなく、複数の要因が絡み合っている可能性が高いことがわかる。具体的には以下の3つの要因である。

　　1　チャモロ語の影響
　　2　修飾する形式「の」の過剰般化
　　3　準体助詞の「の」への類推

以下でこれらの要因を1つずつ検討してみたい。

5.7.1　チャモロ語の影響

　まず、ほとんどのインフォーマントの母語であるチャモロ語が何らかの影響を与えている（母語の干渉）と考えられるので、チャモロ語において、日本語の連体修飾に相当する言語形式がどうなっているかをみてみよう。チャモロ語では、形容詞と名詞とをつなげる場合にも、動詞と名詞をつなげる場合にも、同じ接続不変化詞 na が使われるのである。

　　①　i yemmok　na　palao'an（太い女性）　　（形容詞＋na＋名詞）
　　②　i kákati　na　palao'an（泣いている女性）　（動詞＋na＋名詞）

　この文法構造が、マリアナ地域の人々の話す日本語にも転移されていると考えられる。つまり、上にみるように、日本語母語話者の日本語では、動詞のうしろに「の」はこないが、マリアナ地域の日本語では、「na」を直訳する形で「の」をどの場合にも用いているわけである。日本語の場合、名詞を修飾する動詞のうしろ（動詞による連体修飾）に接続不変化詞は入らないのだが、これはマリアナ地域の人たちにとって受け入れにくい文法事項のようである。Comrie (1985) によれば、日本語の「動詞＋名詞」のように、何の接続不変化詞も入れない言語構造は、世界の言語から見ても珍しい事象とのことである。

5.7.2　修飾する形式「の」の過剰般化

　母語干渉以外にも、日本語の中の文法規則が拡大解釈されている可能性を指摘したい。すなわち、過剰般化について考えたい。
　標準日本語の場合、「どの本か」と聞かれて、それを明確に特定したい場合、「子どものための本」、「田中先生の本」、「古い本」、「読み終わった本」、「表紙がきれいな本」などと言える。全文が本を特定する表現だが、修飾する部分の品詞（名詞、動詞、形容詞など）によって、つなげる要素として「の」を挟んだり、「な」を挟んだり、何も挟まなかったり（ゼロ形式の使用）するのである。外国人学習者からみれば、日本語の修飾に関する文法規則は不統一なようにみえる。
　外国人学習者は、＜どの品詞であろうと、修飾語と被修飾語との間に「の」

を入れれば良い＞という誤った過剰般化をすることが多い。例えば、白畑(1993)は、タイとマレーシアの成人の日本語学習者各1名ずつを対象に縦断的な発話調査を行って、次のような学習過程をたどっていることを明らかにしている。すなわち、両方の学習者の発話にまず「名詞＋の＋名詞」の正用がみられ、その次に、「形容詞＋の＋名詞」と「動詞＋の＋名詞」の誤用が現れ、最後にようやく「動詞＋名詞」の正用がみられたのである。そしてこれは普遍的な現象である可能性が高いと結論づけている。この研究結果は奥野(2005)の調査結果とも一致する。そこでも、「名詞＋の＋名詞」を習得したあと、ほかの修飾する表現にも「の」を挿入してしまうという誤用がみられたのである。

　マリアナの話者の場合にも、母語の影響以外に、こうした過剰般化が「の」による修飾の誤用の原因として挙げられるのである。

5.7.3　準体助詞「の」による影響

　修飾表現における「の」の誤用の原因として考えられる3つ目は、準体助詞「の」の影響である。それはつまり、次のようなことである。学習者は「サトウキビを絞るの機械」のように動詞や形容詞の後に「の」を付けるのは誤用だといわれる一方で、母語話者が話す日本語に「動詞＋の」という文法構造があることを実際に耳にする。そのため、混乱して、誤用がなかなか直らないのである。母語話者でも使う「動詞＋の」とは、すなわち準体助詞のことである。

　しかし、マリアナの人はこの準体助詞を耳にするだけではなく、自分たちもそれを習得して使っているので、なおさら混乱する可能性が高いのではないかと思われる。次は、マリアナ話者による準体助詞「の」の使用例である。

35.　FA：家の親父もわかるんでよ、あの、向こう、あの神社のとこ。もー少し、忘れてるんだよ、Japaneseのしゃべる<u>の</u>は、あんまり、もー。もー長らくね、使わない。

36.　SB：だからタナバコの人、の子ども乗ってる<u>の</u>は、止まらないからね、みんな飛び込んでる汽車の中。

37. SB：前、日本の事務所からババウタさん、今頃そんな、名前探す<u>の</u>は大変だ。

マリアナの話者にとっては、実際に準体助詞を使用していることがわかるので、彼らの頭の中で、＜動詞のうしろに「の」が来る表現はすべてだめだというわけではない＞という意識が芽生えて、「動詞＋の＋名詞」のような誤った連体修飾構造への抵抗がなくなるのではないかと考えられる。

5.8 含意の尺度（規則性）

表6は、マリアナ地域の調査から得られたデータにみられる「名詞＋名詞」、「名詞＋の＋名詞」、「ナ形容詞＋の＋名詞」、「イ形容詞＋の＋名詞」、「動詞＋の＋名詞」の誤用数を集計したものである。

表6　含意の尺度

中間言語の形式	名詞＋名詞 ＜省略誤用＞	ナ形容詞（左数字）・イ形容詞（右数字）＋の＋名詞	動詞＋の＋名詞	名詞＋の＋名詞 ＜挿入誤用＞
EC	2	8・4	2	0
FA	2	1・1	4	0
ME	5	3・0	2	0
CK	3	0・1	1	0
SB	4	0・1	0	0
MV	1	0・1	0	0
VC	2	2・0	0	1
JB	1	0・0	0	0
JS	1	0・0	0	0
JJ	0	0・0	0	0
AB	0	0・0	0	0
BP	0	0・0	0	0
総数	21	14・8	9	1

名詞、形容詞、動詞の誤用を４つの項目に分け、項目別にその数を集計している。そして、名詞、形容詞、動詞の誤用を最も多く使用するインフォーマントをその使用順に縦に並べ、名詞、形容詞、動詞の誤用の中で最も使用された項目を横に左から順に並べた。その結果、データに含意の尺度が現れたのである。「動詞＋の＋名詞」の誤用が生じるインフォーマントにおいては、「ナ形容詞＋の＋名詞」、「イ形容詞＋の＋名詞」や「名詞＋名詞」の省略誤用をも観察することができる。また、「ナ形容詞＋の＋名詞」、「イ形容詞＋の＋名詞」の誤用が生じるインフォーマントにおいては、「名詞＋名詞」の省略誤用をも観察することができる。なお、「動詞＋の＋名詞」の誤用が一番修正しやすく、その次に「イ形容詞、ナ形容詞＋の＋名詞」の誤用が修正しやすいようである。一方、「名詞＋名詞」の省略誤用は一番修正しにくいようで、それがマリアナ地域での調査から得られたデータの中での最も多くのインフォーマントから観察された誤用であった。

　すなわち、図24に示したように、名詞挿入の誤用が一番修正しやすく、次に動詞の誤用、形容詞の誤用、そして名詞省略の誤用が一番修正しにくいのである。

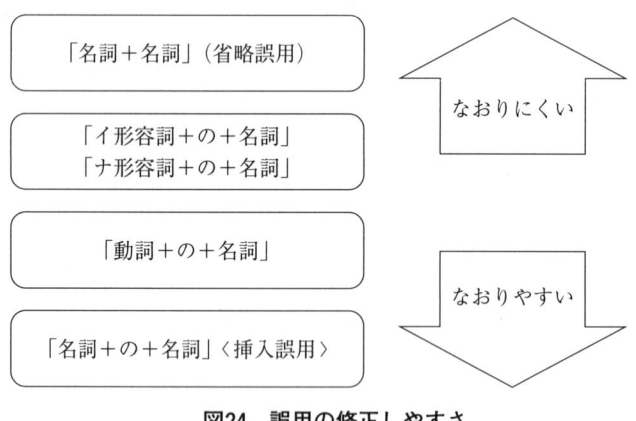

図24　誤用の修正しやすさ

5.9 プロトタイプ・スキーマから考えた分析

5.9.1 プロトタイプ・スキーマとは

　プロトタイプ・スキーマとは、Adamson (1990) と Adamson&Elliott (1997) による、中間言語における変異を説明する言語習得論の概念である。学習者はより典型的なもの（プロトタイプ）から非典型的なものへと順番になっている図式（スキーマ）を頭の中に知識として描いている。そして習得する順番は典型的なものからである。例えば、de Villiers (1980) は受身文の母語習得において、無生の主語より有生の主語が典型的であり、状態動詞より動作動詞の方が典型的であるとする。さらに、この2つの条件においては、主語の有生・無生が強く、それがいわゆる一次的な条件であり、動詞は二次的な条件であるとする。こうしたプロトタイプ・スキーマが子どもの第一言語習得に現れるとする仮説を立てたのである。下の例では①が有生の主語と動作動詞というプロトタイプ的な素性を含んでいるが、②はどちらも含んでいない。①の方が子どもの持つプロトタイプ・スキーマに合い、②よりも早く習得されるという仮説である。

①　The frog is being lifted by the rabbit.
②　The flower is being smelled by the frog.

　そして、英語を母語とする2歳から4歳の子どもを対象に実験を行い、その仮説を証明している。主語の有生性の方が、動作動詞よりもプロトタイプの中心的な素性であるという結果である。
　大関 (2003) はプロトタイプ・スキーマを用いて、日本語学習者の「〜とき」の習得過程を説明している。ロシア語を母語とする初級日本語学習者1名の「〜とき」の習得過程を観察した結果、「〜とき」という意味を表すために、母語のルールを転移させたと思われる形式「いつ〜」と目標言語形式「〜とき」という2つの異なる形式の使用がみられたという。初期段階では「いつ〜」の使用が多かったが、徐々に減って、「〜とき」に変わっていく様子が観察されたという。重要なのは、「＋タ形」（タ形＋とき）、「＋過去」（主節を含む文全体が

過去のことを述べる)、「＋習慣的動作」(主節が習慣的動作を述べる) のようなプロトタイプ的なものから正用へと「〜とき」の習得が進んだという点である。すなわちプロトタイプに近いものから変異が消えていき、中間言語が再構築されていくという結果を明らかにしたわけである。そして、そのプロトタイプに遠い場合には「いつ〜」、「〜とき」の変異が根強く残っていたこともまた明らかにしているのである。

5.9.2 プロトタイプ・スキーマからみるデータ

われわれのデータによって、名詞修飾における「の」の誤用をみてきたが、その誤用を大関 (2003) が行ったプロトタイプ・スキーマによる分析方法を参考に検討した結果、第1段階から第4段階までの名詞修飾の習得段階において、心理的プロトタイプ・スキーマが存在するのではないかという結論に至ったのである。

第1段階では、名詞における「名詞＋名詞」(省略誤用)、「イ形容詞＋の＋名詞」、「ナ形容詞＋の＋名詞」、「動詞＋の＋名詞」、「名詞＋の＋名詞」(挿入誤用) のすべてにおいて誤用が認められる。第2段階では、「名詞＋の＋名詞」(挿入誤用) が直る。第3段階では、「名詞＋名詞」(省略誤用)、「イ形容詞＋の＋名詞」、「ナ形容詞＋の＋名詞」の誤用が残るが、動詞の誤用は直る。第4段階では、「名詞＋名詞」の省略誤用のみが観察され、イ形容詞、ナ形容詞、動詞の誤用は観察されない。第5段階になると、名詞、イ形容詞、ナ形容詞、動詞のすべての名詞修飾において誤用が直り、より正確な日本語に近づく。

表7に、そのプロトタイプ・スキーマの段階をまとめてみた。

表7　プロトタイプ・スキーマ

習得段階	名詞 (省略)	形容詞	動詞	名詞 (挿入)
第1段階	×	×	×	×
第2段階	×	×	×	○
第3段階	×	×	○	○
第4段階	×	○	○	○
第5段階	○	○	○	○

動詞や形容詞の名詞修飾を考えれば、そこには活用が絡んでおり、一見習得が困難のように思えるが、しかし、名詞の名詞習得の方が習得するのが遅れるのである。それは、名詞が、次のように日本語においても変異が存在するからではないかと考えられる。

　　名詞＋の＋名詞　軍隊の経験者、軍隊経験者　（「の」でもゼロでも可能）

先の表6をこのプロトタイプ・スキーマから考察し直すと、次のようなことがいえる。修飾構文の習得に関していえば、話者のECおよびFA、ME、CKの4人は習得の第2段階に止まっている。VC、MV、SBはそれぞれ第3段階まで進んでいる。JSとJBの習得は第4段階、そして、JJ、AB、BPは第5段階まで進んでいるのである。唯一の例外は＜名詞＋の＋名詞＞の誤用が1回観察されるVCである。

5.9.3　NPAHから考えた分析

大関（2005）は、Keenan&Comrie（1977）で提唱されている「関係節化の可能性の階層（NPAH, Noun Phrase Accessibility Hierarchy）」を検証し、連体修飾によって関係節化されやすい階層を言語類型論的な分布によって序列化している。世界中の言語において関係節化されやすいものは、主語（SU）＞直接目的語（DO）＞間接目的語（IO）＞斜格（OBL）＞所有格（GEN）＞比較級の目的語（OCOMP）の順であるといわれているが、タガログ語を母語とする5名の自然習得者へのインタビュー、3名の学習者の約9か月間の発話資料、初級から超級までの90名（英語、韓国語、中国語、各30名）へのインタビューの3種類のデータを用いて「関係節化の可能性の階層」を検証したのである。その結果、学習者の名詞修飾節産出難易度にはそこで予測されるような文法的特徴よりも、むしろ被修飾名詞の有生性がかかわっているとする結論を得た。

ここでは、大関の研究で行われた被修飾名詞と修飾節の文法的特徴による分類を参考にして、被修飾名詞に格助詞をつけて修飾節の中に戻すという方法で文法関係を判断した。被修飾名詞が修飾節に対して、主語、直接目的語、間接目的語、斜格、所有格の関係にあるもの、外の関係にあるものに分類すること

によって、マリアナ地域の「動詞＋の」の名詞修飾を分析してみた。
　27から34の中から、動詞＋「の」の誤用例を部分的に取り出すと、次のようになる。

　　27´　歌うの歌（歌を歌う）
　　28´　違うのやり方（やり方が違う）
　　29´　行ったのロタ（ロタに行った）
　　30´　殺すの考え（殺すという考え）
　　31´　作るの人（人が作る）
　　32´　進んだの学校（学校に進んだ）
　　33´　浴びるの石鹸（石鹸で浴びる）
　　34´　旗の立てるの歌（その歌で旗を立てる）

　すなわち、4例が斜格、2例が主格、そして外の関係と直接目的語がそれぞれ1例という結果である。この被修飾名詞と修飾節の関係が斜格のときに動詞＋「の」の誤用が多いという結果から、Keenan&Comrie の提唱する「関係節化の可能性の階層」から予測されるように斜格の習得が（他の格に比べて）遅れ、その誤用が最後まで残ることがわかった。

表8　被修飾名詞

	被修飾名詞と修飾節の文法関係						被修飾名詞の有生、無生	
	主語	直接目的語	間接目的語	斜格	所有格	外の関係	有生	無生
進んだの学校				○				○
浴びるの石鹸				○				○
旗の立てるの歌				○				○
行ったのロタ				○				○
違うのやり方	○							○
歌うの歌		○						○
殺すの考え						○		○
作るの人	○						○	

大関（2005）では、被修飾名詞の有生か無生かという点が被修飾名詞と修飾節の文法関係に影響を与えているのではないかということが示唆されている。そこで、マリアナ地域の動詞＋「の」の誤用例における被修飾名詞の有生と無生とを検証してみた結果、8つの動詞＋「の」の誤用例の被修飾名詞うち7例が無生であり、有生は1例のみであることがわかった。すなわち、動詞＋「の」の誤用は、被修飾名詞が斜格で、被修飾名詞が無生のときに多く出現していることが観察されたのである。表8に、今回の検証結果をまとめた。

5.10 まとめ

この章では、マリアナ地域の残存日本語の中に観察される名詞修飾における「の」の誤用についてみた。そして、名詞修飾における「の」の誤用は、「名詞＋の＋名詞」（挿入誤用）、「名詞＋名詞」（省略誤用）、「イ形容詞＋の＋名詞」、「ナ形容詞＋の＋名詞」、「動詞＋の＋名詞」の形で観察することができた。イ形容詞とナ形容詞の誤用数を集計した結果、後者の誤用率が高いことがわかった。その要因として考えられる点は3つある。

1つ目は、「ナ形容詞」の方が「イ形容詞」に比べて名詞性が高いことである。2つ目は、「ナ形容詞」は品詞の中で少数派であり、他の品詞への類推が起こりやすいことである。3つ目は、チャモロ語において、「形容詞＋na＋名詞」という形で接続不変化詞「na」が存在することである。マリアナ地域の人たちは「『ナ』はチャモロ語なのではないか」といった不安からその使用を避け、過剰修正が起きているのではないかと考えられるのである。

次に、マリアナ地域におけるデータの中に現れる「動詞＋の＋名詞」誤用の原因として3つの可能性を考察した。

1つ目はチャモロ語の影響、2つ目は「名詞＋の＋名詞」の形の過剰般化、3つ目は準体助詞への類推である。そして、マリアナ地域の残存日本語のそれぞれの誤用を集計した結果、そこに含意の尺度がみられることが明らかになった。それは、名詞の省略誤用が一番直りにくく、次に形容詞、動詞、名詞の挿入誤用の順となっているという点である。

第 6 章
新しく作られた文法的区別―被修飾名詞による修飾の違い―

6.1 一般名詞と「とき」の違い

6.1.1 動詞による修飾の場合

　前章（5.9.1）でみた大関の研究では連体修飾の「とき」節が分析対象になっていたが、われわれのデータでも「とき」節とその他の一般名詞の連体修飾節とに違いがあることが気になり、その分析を試みることにした。

　以下、被修飾名詞を「とき」とそれ以外の名詞（以下、「一般名詞」と呼ぶ）に分けて分析する。

　動詞の名詞修飾の場合、通常、「動詞＋名詞」の形で修飾するが、マリアナ地域の日本語では、「動詞＋名詞」のように正用の形で名詞を修飾している場合と、「動詞＋の＋名詞」のように動詞と名詞の間に「の」を入れてしまう場合とがある。ここでは、「動詞＋名詞」と「動詞＋の＋名詞」の形の被修飾名詞に注目して、「動詞＋一般名詞」、「動詞＋の＋一般名詞＞」、「動詞＋とき」、「動詞＋の＋とき」の4つの動詞の名詞修飾について、調査から得られたデータの集計をした。

　その結果、動詞の名詞修飾の際の、「動詞＋一般名詞」は148例、「動詞＋の＋一般名詞」は9例であった。一方、「動詞＋とき」は91例、「動詞＋の＋とき」の例は観察することができなかった。つまり、「の」が挿入されるという誤用は、被修飾語が一般名詞である場合に起こるが、被修飾語が「とき」である場合には起きていないことがわかるのである。

表9　動詞による修飾：「とき」と一般名詞の違い

	動詞＋一般名詞（正用）	動詞＋の＋一般名詞（誤用）	動詞＋とき（正用）	動詞＋の＋とき（誤用）
EC	11	2	11	0
FA	0	4	5	0
ME	12	2	18	0
CK	3	1	0	0
SB	4	0	1	0
MV	17	0	9	0
JB	15	0	13	0
JS	6	0	13	0
VC	55	0	14	0
JJ	10	0	0	0
AB	6	0	6	0
BP	9	0	1	0
合計	148	9	91	0

　上には、動詞の名詞修飾における被修飾名詞の「動詞＋一般名詞」、「動詞＋の＋一般名詞」、「動詞＋とき」、「動詞＋の＋とき」の集計結果を示したが、ここからは、動詞の名詞修飾において、一般名詞の場合には「の」を前接させて名詞修飾を形成していることがわかる。一方、「とき」の場合には正しい名詞修飾を形成していることがわかる。

6.1.2　名詞による修飾の場合

　次に、名詞、イ形容詞、ナ形容詞の名詞修飾でも、「とき」、一般名詞において「の」を前接しているかどうかをみることにする。表10は、名詞の名詞修飾における「名詞＋の＋とき」（正用）、「名詞＋ゼロ＋とき」（誤用）、「名詞＋の＋一般名詞」（正用）、「名詞＋の＋一般名詞」（誤用）の集計結果を示したものである。

第6章 新しく作られた文法的区別　113

表10　名詞による修飾：「とき」と一般名詞の違い

標準日本語の範疇	「の」による名詞修飾（名詞＋の＋名詞）			
	名詞＋の＋とき		名詞＋の＋一般名詞	
中間言語の形式	名詞＋の＋とき（正用）	名詞＋ゼロ＋とき（誤用）	名詞＋の＋一般名詞（正用）	名詞＋ゼロ＋一般名詞（誤用）
EC	8	0	82	2
FA	1	1	18	1
ME	3	1	57	4
CK	0	0	46	3
SB	1	0	23	4
MV	5	0	50	1
JB	1	0	78	1
JS	3	0	29	1
VC	3	0	93	2
JJ	3	0	57	0
AB	3	0	31	0
BP	0	0	25	0
合計	31	2	589	21

　名詞の名詞修飾の際には「名詞＋ゼロ＋とき」（誤用）が2例、「名詞＋の＋一般名詞」（誤用）が1例観察される。この結果から、動詞の名詞修飾における＜一般名詞の場合には「の」を前接させて名詞修飾を形成し、「とき」の場合には「の」を前接させずに正しい名詞修飾を形成する＞という規則が名詞の名詞修飾にも適用されることによって「名詞＋ゼロ＋とき」（誤用）が産出されるのではないかと考えられるのである。

　　赤ちゃんとき（5章の例4を参照）
　　空襲とき（5章の例7を参照）

6.1.3　イ形容詞・ナ形容詞による修飾の場合

　次に、イ形容詞、ナ形容詞の名詞修飾において、被修飾名詞を「とき」、一般名詞に分けて集計した結果を掲げる。

表11 イ形容詞による修飾:「とき」と一般名詞の違い

	イ形容詞＋一般名詞 (正用)	イ形容詞＋の＋一般名詞 (誤用)	イ形容詞＋とき (正用)	イ形容詞＋の＋とき (誤用)
EC	10	4	0	0
FA	0	1	0	0
ME	5	0	2	0
CK	9	1	0	0
SB	3	1	0	0
MV	11	1	2	0
JB	7	0	1	0
JS	5	0	0	0
VC	5	0	1	0
JJ	7	0	1	0
AB	4	0	1	0
BP	7	0	0	0
合計	73	8	8	0

イ形容詞の名詞修飾における「イ形容詞＋一般名詞」は73例、「イ形容詞＋の＋一般名詞」は8例であった。一方、「イ形容詞＋とき」は8例で、「イ形容詞＋の＋とき」の例は観察することができなかった。

表12 ナ形容詞による修飾:「とき」と一般名詞の違い

	ナ形容詞＋一般名詞 (正用)	ナ形容詞＋の＋一般名詞 (誤用)	ナ形容詞＋とき (正用)	ナ形容詞＋の＋とき (誤用)
EC	5	7	0	1
FA	0	1	0	0
ME	0	3	0	0
CK	2	0	0	0
SB	1	0	0	0
MV	1	0	0	0
JB	1	0	0	0
JS	1	0	0	0
VC	9	2	0	0
JJ	2	0	0	0
AB	0	0	0	0
BP	3	0	0	0
合計	25	13	0	1

ナ形容詞の名詞修飾における「ナ形容詞＋一般名詞」は25例、「ナ形容詞＋の＋一般名詞」は13例であった。一方、「ナ形容詞＋とき」の例は観察することができず、「ナ形容詞＋の＋とき」は1例であった。

上で見るようにイ形容詞、ナ形容詞の名詞修飾の際の「イ形容詞＋の＋とき」（誤用）は観察されなかったが、「ナ形容詞＋の＋とき」（誤用）の例が1例観察された。それは、

　　自由のとき（5章の例22を参照）

である。この「ナ形容詞＋の＋とき」（誤用）においては、「の」を「とき」の前に前接させている。これに関しては、前述したように、「ナ形容詞」は「イ形容詞」に比べて名詞修飾が複雑で、名詞性が高いために「ナ形容詞」にのみ「の」を「とき」の前に前接させたのではないかと考えられる。が、一方ではチャモロ語の文法に存在する na という接続不変化詞の使用を避けるために過剰修正がおき、「の」を「とき」の前に前接させた可能性も考えられる。

以上の結果から、「イ形容詞＋の＋一般名詞」（誤用）、「ナ形容詞＋の＋一般名詞」も、基本的には、動詞の名詞修飾における＜一般名詞の場合には「の」を前接させ、「とき」の場合には「の」を前接させない＞とする規則が適用されているのではないかと考えられるのである。

6.2　一般名詞と「とき」の違いの規則性の要因

上記のように、名詞修飾の際、名詞、イ形容詞、ナ形容詞、動詞において＜「とき」と一般名詞で「の」を使い分けるという傾向がみられる。名詞、イ形容詞、ナ形容詞にはその傾向が弱いが、動詞にはその傾向が強い。では、「とき」と一般名詞で「の」を使い分けるのはなぜなのか、以下に、その要因と考えられる2つの可能性について検討したい。

日本語では「とき」も形式名詞であるゆえに一般名詞と同じように修飾を受けるが、チャモロ語では「とき」に匹敵する表現（anai）は文法的には名詞ではないのである。

Hafa malago'-mu anai matto hao
何　欲しい　　とき来る　あなた
「来たとき何が欲しかったか？」

なお、これは日本語の「動詞＋とき」の語順とは違い「anai＋動詞」になっているので、この文法事項そのものがマリアナ地域の人たちの話す日本語に転移されているわけではない。ここで可能性として指摘したいのは、直接的な転移ではなく、間接的な干渉という点である。すなわち、彼らの頭の中では、「とき」に関する表現と、その他の名詞修飾節とは違った文法事項によって構成されるのである。その構造とは、次のようなものである。

マリアナ地域の人たちが話す日本語表現では、

　　空襲　　　＋　とき
　　赤ちゃん　＋　とき

のように、「とき」という名詞の修飾は「A＋B」になるのである。

彼らには「とき」形式が、ひとつの複合語（または接尾辞）として認識されているようである。その証拠として、これらの表現を音響分析したところ、イントネーション曲線が1つに繋がり、そこにはポーズも入らない。このようにマリアナ地域の人たちは、これらを1つの語として認識しているのではないかと考えられる。

なお、上のデータを見ると、動詞のうしろに「の」を入れる誤用において、次のようなパターンが目立つ。

　　進んだ　＋　の学校
　　浴びる　＋　の石鹸
　　殺す　　＋　の考え

一般名詞の場合には「の」を前接させて名詞修飾を形成している。一方、「とき」の場合には、正しい名詞修飾を形成しているのである。

入る　　＋　とき
する　　＋　とき
しゃべる　＋　とき

　日本人による日本語の規則の判断過程は、前にどんな品詞がくるかによってうしろの名詞の修飾が決まる。例えば、

前が名詞なら「の」　→　学校　　の　先生
前が動詞なら「ゼロ」→　勉強する　φ　学生

のように、前が名詞なら「の」をつけて「学校の先生」のようになる。また、前に動詞なら「の」をつけずに「勉強する学生」のようになる。
　一方、中間言語の規則の判断過程では、うしろにどんな品詞がくるかによって「の」をつけるかつけないかが判断される。マリアナ地域の残存日本語では、「とき」と一般名詞の違いによって、名詞修飾の際に、「の」をつけるかつけないかが判断されるのである。次の図式のようになるわけである。

うしろが「とき」なら「ゼロ」→　| 空襲 | | とき |
　　　　　　　　　　　　　　　| 赤ちゃん | φ | とき |
　　　　　　　　　　　　　　　| 生まれた | | とき |

うしろが一般名詞なら「の」→　| 韓国 | ＋の | 人 |
　　　　　　　　　　　　　　　| 絞る | | マシーン |

　日本人による日本語の文法規則の判断過程では「何のうしろにくるか」によって名詞修飾が形成されるのであるが、中間言語規則の判断過程では、「何の前にくるか」によって名詞修飾が形成されているようなのである。
　動詞の名詞修飾の誤用に注目して分析を行った結果、被修飾名詞の種類による誤用には規則性のあることがわかった。被修飾名詞が「とき」か一般名詞かによって、「の」を前接させるか、させないかという使い分けがなされている

ことが明らかになった。「とき」と一般名詞の違いによる規則性の原因については、チャモロ語の「とき」に匹敵する anai という表現の影響も考えられるが、それは日本人の考える文法規則とは違う、中間言語的な文法規則による動詞の名詞修飾がそこでなされているのではないかと考えるのである。

　なお、本章で分析した「とき」対「一般名詞」の中間言語的な文法規則は実は、「形式名詞」対「一般名詞」の規則として一般化できるように思われるのである。つまり、「とき」という一語のみならず、「こと」や「ところ」、「話」なども同じように「の」抜きで使われる傾向がデータからみられたのであるが、今回は、データ（出現数）が少なすぎたので、「形式名詞一般」まで分析を広げることができなかった。今後の課題としたい。

第7章

新情報を表す「でしょ」

マリアナ地域のインフォーマントの談話データを見ていると、「でしょ」を運用する際に、調査者の知らない情報（いわゆる新情報）に関して「でしょ」を多用するインフォーマントが多数いることに気づいた。簡（2009、2011）には、東アジアに残る日本語において、このモダリティ形式「でしょ」の運用が多いことが指摘されている。そこでは、台湾の残存日本語を主たる対象として「でしょ」を取り上げ、現代日本語の＜推量＞と＜確認要求＞の用法の他に、聞き手が知らない・わからないはずの事柄を提示し、それによって後続の発話内容の土台を作っていくという用法の存在を指摘して、それを＜新情報認知要求＞と名付け、「でしょ」の新たな表現類型として提示している。なお、ミクロネシアなど他の地域にも同じような現象が見られることも指摘している。さらには、同様な用法が現代日本語にも見出され、東アジアに残存する日本語における「でしょ」の運用は、日本国内で生じつつある新しい運用傾向とパラレルであるという点が指摘されている。

7.1 日本語母語話者における「でしょ」の用法

「でしょ」の用法は、従来、大きく＜推量＞と＜確認要求＞の2つに分けられている。ここでは、「でしょ」（「だろう」も含む、以下同様）の＜推量＞と＜確認要求＞の用法について、先行研究をもとに概観してみたい。

7.1.1 推量

仁田（2000）では、＜推量＞とは、事態の成立・存在において不確かさを有するもの・確かさに欠けるもの、として想像・思考や推論の中で捉えられるものであるとしている。また、蓮沼（1995）も同様で、＜推量＞とは、直接的に知り得ない事柄について、話し手の想像の限りのこととして把握するものだと

している。

1．それだけあれば、なんとか暮らしていける<u>だろう</u>。

(仁田 (2000))

7.1.2　命題確認要求

　「でしょ」の＜確認要求＞の用法に関して、三宅 (1996) では、＜確認要求＞とは、話し手にとって何か不確実なことを、聞き手によって確実にしてもらうための確認であり、話し手にとって不確実なことを聞き手によって確実にしてもらうための確認の要求である、としている。また、＜確認要求＞の用法には＜命題確認要求＞と＜知識確認要求＞の２つの異なったレベルのものが存在するとしている。

　＜命題確認要求＞とは、その対象を命題の真偽とするもので、命題が真であることの確認を要求するものであり、次のような例が挙げられるとしている。

2．「金沢寒かった<u>でしょう</u>？」「ええ、雪がいっぱい降ってて」

(三宅 (1996))

7.1.3　知識確認要求

　＜知識確認要求＞とは、その対象を命題によって表される知識（情報）とするもので、当該の知識を聞き手が有していることの確認を要求するもので、命題が真であることは話し手によって確実なのであるが、その命題内容を聞き手が知っているかどうかが話し手にとって不確実である場合に使用される。

3．「私がずっと家にいた<u>だろう</u>。その時はその時で、母さん、イライラしてたんだが、私がまた勤めだして、家でひとりになると、淋しくていられないらしくてね」

(三宅 (1996))

4．「何言ってんの２児の母親がスキーなんて行けっこない<u>でしょ</u>」

(三宅 (1996))

3と4のような例が挙げられるが、3と4では、同じ＜知識確認要求＞でも少し機能が異なる。

3は、話し手と聞き手が潜在的に共有していると思われる知識を活性化させる機能を有しており、三宅（1996）は、これを「潜在的共有知識の活性化」と呼んでいる。また、4は、聞き手の知識を確認することによって、聞き手に話し手と同じ認識を持つことを要求するといった機能を有していると考えられるとし、「認識の同一化要求」と呼んでいる。ここでは、この「潜在的共有知識の活性化」と「認識の同一化要求」の2つを合わせて＜知識確認要求＞とする。

7.1.4　その他の機能

仁田（2000）には、推量・確認要求という説明だけでは説明のつかない「でしょ」の機能についても説明がある。

> 5．公麿：わたしのと合せて五千円の資金は、ガソリン代<u>だろう</u>、木箱代<u>だろう</u>、魚市場への心付け<u>だろう</u>、鰯を集めてくれた人へのお礼<u>だろう</u>、それから……。
>
> （「闇に咲く花」仁田（2000））

5のような「でしょ」は列挙を表すものとされる。

> 6．けれど、気づかないということは、なんと恐ろしいこと<u>だろう</u>。
>
> （「デンドロカカリヤ」仁田（2000））

6のような「でしょ」は感嘆を表すものとされる。

以上のように、日本語母語話者の使用する「でしょ」は、＜推量＞、＜命題確認要求＞、＜知識確認要求＞、そして列挙・感嘆などの機能を有するものとされるのである。まとめると、図5のようになる。

「でしょ」の用法	
推量	
確認要求	命題確認要求
	知識確認要求
その他	列挙
	感嘆
	逆条件節（譲歩節）

図5　「でしょ」の用法

7.2　残存日本語にみられる「でしょ」の用法

　ここでは日本語母語話者の使用する「でしょ」の用法をもとに、マリアナ地域の残存日本語において使用される「でしょ」の用法を掲げる。そして、われわれは、マリアナ地域の残存日本語にみられる「でしょ」の用法として、従来から提唱されている＜推量＞、＜命題確認要求＞、＜知識確認要求＞、＜列挙＞、＜感嘆＞といった機能の他に、＜知識確認要求＞の新たな下位分類を提案したいと思う。

　ただし、上述したように、簡（2009、2011）は、東アジアの残留日本語を対象として「でしょ」を取り上げ、現代日本語の＜推量＞と＜確認要求＞の用法の他に、聞き手が知らない・わからないはずの事柄を提示し、それによって後続の発話内容の土台を作っていくという用法の存在を指摘し、それを＜新情報認知要求＞と名付け、日本語の新たな表現類型として提唱していることを改めてお断りしておきたい。

　ところで、三宅（1996）は、＜知識確認要求＞を、その対象を命題によって表される知識（情報）とするもので、当該の知識を聞き手が有していることの確認を要求するものであるとしている。つまり、話し手と聞き手が同じ＜旧情報＞を共有しており、その情報を有しているかどうかを話し手が聞き手に確認を要求するということである。そこで、われわれは、この＜知識確認要求＞を２つのレベルに分けて考えたいと思う。１つは、＜旧情報知識確認要求＞であり、もう１つは、＜新情報知識確認要求＞である。＜旧情報知識確認要求＞とは、従来から言われているように、その対象を命題によって表される知識（情

報）とするもので、当該の知識を聞き手が有していることの確認を要求するものであり、＜旧情報＞の確認要求である。一方、＜新情報知識確認要求＞とは、その対象を命題によって表される知識（情報）とするもので、当該の知識を聞き手が有していることの確認を要求するものであるが、話し手と聞き手の間には同じ＜旧情報＞が共有されておらず、＜新情報＞を聞き手に示し、話し手は聞き手に確認を要求するわけである。ここで、問題になるのは、話し手が＜新情報＞を聞き手に示すことが確認要求になりえるかということであるが、その点について、われわれは、＜新情報知識確認要求＞は、＜旧情報知識確認要求＞を拡大解釈して使用したもの、と考える。つまり、従来から言われている＜知識確認要求＞の用法には、＜旧情報＞に対して使用される＜旧情報知識確認要求＞と＜新情報＞に対して使用される＜新情報知識確認要求＞との２つの機能があると考えるのである。

　以下、マリアナ地域の残存日本語にみられる「でしょ」の用法、機能を記述する。

7.2.1　推量

　＜推量＞用法はマリアナ地域の残存日本語でも観察することができる。次に、その例を示す。

　　7．　JB：（自分の姉と２人で戦争中逃げていた。）それで、日本人が、日本人の兵隊がね、来るんだ。（日本の兵隊が自分を見て）おい、お前、お前島民<u>だろ</u>。ところが、（自分は）日本語、日本語、日本語で話すんだね。（そうして日本人だと思われ助かった。）

　　8．　VC：（運動会で他の学校と競うかと質問されて）ううん、向こうの学校で（とは競争しない）。他の学校とは競争しない。なんで（他の学校と競争）しないか知らないけど、確か（運動会の）やり方も違うから、（やり方が）あわないときもある<u>でしょう</u>と思う、それだけだと思いません。

7.2.2 命題確認要求

　＜命題確認要求＞用法はマリアナ地域の残存日本語でも観察することができる。次に、その例を示す。

　　9．　MV：(空港で働いていた) Kaipat は女だろ。

　　10．　AB：あの、名鉄（ホテルに置いてあるアルバム）に原、原爆弾のあるの、(原子爆弾の写真は) 載ってないでしょ。

7.2.3 旧情報知識確認要求

　マリアナ地域の残存日本語にも＜旧情報知識確認要求＞の用法が使用されている例が観察される。ここでは、マリアナ地域の残存日本語の中で観察される＜旧情報知識確認要求＞についてみる。なお、ここでいう＜旧情報知識確認要求＞とは、三宅（1996）で述べられている＜知識確認要求＞と考えるので、「潜在的共有知識の活性化」と「認識の同一化要求」の2つの機能についてみていく。

「潜在的共有知識の活性化」

　　11．　EC：で、(終戦後も隠れていた2人の陸軍の軍人が、自分の家の近くにある) その石の上に隠れ、石の上も、あの、木があるから、誰もあんた下に歩いてるときに、あんた上見えないでしょ。

　　12．　ME：(ケーブルカーがロタにあったという質問に対して) あ、ケーブル。ケーブル。わからない。それは知っていないます。そう。私は(その時は) 小さい (ので)、どこも行かないでしょ。だから、(ロタにケーブルカーがあったかどうか) 知ってない。ただ、甘蔗で、何、あの、なに、何て言うの、今話しているの。

「認識の同一化要求」

　　13．　VC：(寒いので) 半纏 (をもらった)。で、あれ (半纏) はいてずっと、

　　　　（東京で開催されたパーティーが終わった後）バスに乗ってずっと
　　　　（宿泊する）プリンスホテルまで、プリンスホテルに入った時は
　　　　やっぱり7時だったかな。羽田から、羽田から東京近いでしょ。

14.　ME：うんうん。今度（私の家に）来たらね。今は何も、もー（日本語
　　　　を）言う事できないでしょ。もー何も（日本語を）忘れたから
　　　　ね。けど、後であんたたち来たら、今から（何を話すかを）考
　　　　えてて、覚えて、あんたたち（私の家に）来たら、あー、あん
　　　　ときはもっと（話をするのが）長い時間に、かかりますよ、ね。
　　　　今はもー（話す時間が）短いでしょ。後で来たらもっと長いん
　　　　ですよ、ね。

7.2.4　新情報知識確認要求

　これは、簡（2009、2011）によって、＜新情報認知要求＞と名付けられ、日本語の新たな表現類型として提唱された用法である。しかし、われわれは、この用法を、従来からの日本語の用法としてある＜知識確認要求＞の枠組みの中での新たな機能として、＜新情報知識確認要求＞という名において捉えてみたいと思う。
　以下、マリアナ地域の残存日本語の中において観察された例を示す。

15.　JB：（日本への留学）1人で行ったでしょ、1人でね。

16.　ME：わたしのお母さんと一緒に、お父さんは、あの、その、Japanese
　　　　のときに、あの、戦争するときに、あの、（わたしのお母さんと
　　　　自分を家に）連れてったでしょ。戦争やるってときに、そして、
　　　　わたしとお母さんだけ家にとまっています。

17.　ME：そして、私のお父さんは韓国の人です。で、お父さんは日本語
　　　　ちょっとしゃべって、チャモロ語わからないでしょ。
　　　R：そーなんですか、2人で会話するときは日本語ですか？

ME：そうそう。で、友達たまに、あの、(家に)遊びに来ますから日本語しゃべって、ただ、冗談みたいの話、あんまり深くないね。それであんまり日本語わかりません。

7.2.5 列挙

マリアナ地域の残存日本語の中にも＜列挙＞の機能が観察される。次はその例である。

18. ME：うん。(日本の軍隊が島民を埋めるために穴を掘ったのは)あーロタ、じゃなきゃ、あー、ロタじゃないよ。ヤップもそー<u>でしょ</u>、サイパンもそー<u>でしょ</u>。どこでも、あの、あの、(島民を埋めるための)穴を掘っています。

7.3 データにみる「でしょ」の集計

ここで、マリアナ地域の残存日本語の中に観察される「でしょ、でしょう、だろ、だろう」の機能を分類、集計した結果を掲げる。

表13の集計結果にみるように、JJ, AB, BPには＜新情報知識確認要求＞の「でしょ」が観察されなかったが、その他のインフォーマントからは＜新情報知識確認要求＞を観察することができた。比較的流暢に日本語を使用しているインフォーマントも多くの＜新情報知識確認要求＞の「でしょ」を使用しており、日本語の会話能力にかかわらず＜新情報知識確認要求＞を使用していることがわかる。

なお、FAは＜新情報知識確認要求＞では「だろ」を用いているが、他のインフォーマントは＜新情報知識確認要求＞を使うときには「でしょ」を用いている。中北(2000)は、談話の中では確認要求の「でしょ」の使用が多くなるとし、また、確認要求の「だろ」が現れるのは「男性的文体」であるとしている。ただし、FAは女性であるにもかかわらず「だろ」を使用しているのである。「でしょ」と「だろ」が、マリアナ地域の残存日本語において、男性、女性を問わず、共通に使用されているかどうかの検討は今後の課題である。

表13　新情報知識確認要求

	推量	命題確認要求	知識確認要求		列挙	談話方略
			新情報知識確認要求	旧情報知識確認要求		
EC	0	6	4	4	0	3
FA	1	0	4	0	0	1
ME	0	7	16	17	4	0
CK	0	0	13	7	0	4
SB	0	4	1	4	0	0
MV	1	12	2	2	0	1
JB	1	5	11	8	0	3
JS	0	1	1	0	0	1
VC	1	5	15	19	0	5
JJ	2	0	0	4	0	0
AB	0	5	0	0	0	0
BP	0	0	0	0	0	0

7.4 「でしょ」の特徴

　簡 (2009、2011) では、＜新情報認知要求＞用法の生成、拡大の背景として、対話では聞き手と話し手との間に認識のギャップがある (同等の情報を持っていない) と話が円滑に進まないので、そのような問題を解決し話を進めていくために、まず後続させる発話内容の前提を提示して話し合いの土台を築く、つまり「会話の前提を提示する」という機能を前面に出し、表現を和らげつつ新情報の認知を促して話を進めていくといったストラテジーが採用されたのではないかと論じられている。われわれも、基本的にこの考えに賛同するものである。ただし、その他にも要因がありそうである。

　その要因とは、＜列挙＞機能の拡大解釈的使用である。＜列挙＞とは、上で示した例18のような用法である。これは、仁田 (2000) で言われている＜列挙＞の機能 (例文5) でもある。

　このような＜列挙＞の機能をみると、話し手と聞き手の間に同じ＜旧情報＞が共有されてはおらず、＜新情報＞を聞き手に示してはいるが、話し手が聞き

手に確認を要求しているわけではない。したがって、マリアナ地域の残存日本語に関していえば、＜列挙＞機能が、＜新情報＞を聞き手に示すという機能へと拡大したのではないかとも考えられるのである

第8章

残存日本語の方言的特徴

8.1 西日本・琉球の方言的特徴

　マリアナ地域の残存日本語には、西日本や琉球の方言の影響を受けていると考えられる言い方が観察される。そうした例を以下に示す。

1．ME：(日本の軍隊が) 嘘ついて、全部人間たちロタ<u>おる人</u>、全部あすこに、あのー来てる。して、しててあすこで (日本の軍隊が掘らせた穴) 死ぬんです。で、とっても助かったよ、アメリカ人が早く、はい、入ったから。ね、アメリカ人は、早く入んなかったら全部ロタの人は全部 (日本の軍隊が) 殺してしまった。良かった本当。

2．JB ：あの、1980年、1880年か前でね、(自分の父親が) ドイツの、あのドイツの、あ、あの、スペインの学校、スペインの学校行ったんですけど、あの、ドイツの学校行かなかったんです、家の。その代わり、何か<u>知らん</u>けどね、家のおじちゃんとてもね、あの、pick up language ね。

3．MV：パラオは、もー、あのう、勤めているところの名前<u>持っとる</u>からな。(勤めているところで日本人の名前をつけてもらっている)

4．MV：向こうで、(戦争で残った残骸が) <u>落ちとる</u>。

5．JB ：ちょっとありますよ。これまだこういう連中 (南洋興発の社員) まだね、<u>よー</u>、今ね、私と一緒にこう、(日本人と働くかのよう

に一緒に仕事をよく）やってくれるんですよね。本当、私は日本人、日本人だと（南洋興発の他の社員は）思ったんだ、みんなね。

6． MV：みんな、(沖縄の人が住んでいたのが) 隣だから、<u>よー</u>（沖縄のことば、よく）わかるよ。

7． JB ：（自分は日本人になりたかったが）残念ながらなれなかっただね、本当。（笑）やっぱり、この、できないよ。わかる、わかった。（自分は日本人になれないことは）今わかりましたけどね、これあの、日本はとても very ね、日本人ね。なかなか（外国人を日本社会の中に）入れてくれない。Prejudiced <u>や</u>な。

8． JS ：そうよ、随分（子どものとき、遊びを）やったんですよね。みんな、ね、あれ。いや、日本人もあのときから、もうみんな（日本人の子どもも、島民の子どもも一緒に遊ぶことが）あったん<u>や</u>ね。

9． MV：（日本人は）島民の家を借りてる<u>さー</u>。

10． CK：（年を聞かれて）いえ。もー、年だよ、あたし。（自分が病気をしないのは）それで食べ物ね、元気だよ<u>さー</u>、俺注意してる、食べ物、本当。この甘い、何食べない。

11． MV：（知り合いの奥さんの名前ついて）<u>上等</u>だろ（綺麗だろ）。

8.2　先行研究における日本語変種の特徴

真田（2007）は、かつて日本の統治領であった旧南洋群島（北はサイパンを中心とする北マリアナ連邦から南は赤道近くまで、また東はマーシャル諸島共和国から、その東西に広がるミクロネシア連邦を経て西のパラオ共和国に至るまでの広大な地域）、台湾、朝鮮半島、中国東北部（旧満州）の残存日本語の日本語変種の特徴につ

いて、「旧南洋群島は全体に標準語的、台湾は標準語・西日本方言を基盤に独自の変種を形成、朝鮮半島は標準語のなかに西日本方言が混入、サハリンは北海道方言的、中国東北部は全体に標準語的」と述べている。台湾では、簡(2006)で、否定辞において西日本方言が使用されていることが指摘されている。サハリンでは、朝日(2005)で、東北・北海道方言の影響を強く受けていることが述べられている。サハリンは海産資源が豊富であり、多くの季節労働者が出稼ぎで漁を行っていた。この季節労働者としてサハリンに来ていた漁師のしゃべる日本語方言が地元住民であるアイヌ、ウィルタ、ニヴフに影響を与え、「餌場、腹しぼり」のような漁業の専門用語が借用語として使用されたのである。

　　ミクロネシア　→　全体に標準語的
　　台湾　→　標準語・西日本方言を基盤に独自の変種を形成
　　朝鮮半島　→　標準語のなかに西日本方言が混入
　　サハリン　→　北海道方言的
　　中国東北部　→　全体に標準語的

　ところで、われわれが調査を行ったマリアナ地域は旧南洋群島の中に含まれている。真田(2007)には、これらの地域の残存日本語の日本語変種の特徴が全体に標準語的であると述べられているが、われわれがマリアナ地域における日本語変種の特徴を詳細に観察した結果でも、マリアナ地域の残存日本語は確かに全体的に標準語的であることが判明した。しかし、そこには西日本や琉球の方言による影響も観察されるのである。なお、ここでいう琉球の方言とは、狩俣(2002:161)にある「沖縄県の八重山諸島、宮古諸島、沖縄諸島に、鹿児島県の奄美諸島をくわえた琉球列島」での伝統方言というより、ウチナーヤマトゥグチやトン普通語などの地域変種のことを指すのである。
　以下、西日本や琉球の方言の影響を受けた項目について考察する。
　1、2では、存在動詞の「おる」や否定表現の「知らん」など、西日本方言的な形式を観察することができる。真田(2007)でも述べられているように、この形式は台湾における残存日本語にも観察されるものである。ただし、高江洲(1994)で述べられているように、ウチナーヤマトゥグチでも「ん」をつけ

て否定が表されるわけで、マリアナ地域の否定辞の「ん」に関してはウチナーヤマトゥグチの影響を認めるべきかもしれない。

　3、4は、西日本方言でのアスペクト表現「～とる」の影響と考えられる。なお、ここで使用されている「～とる」は結果態であるが、進行態の「～よる」によるアスペクト表現は観察することができなかった。井上（1992）で述べられているように、西日本方言では進行態を表す「～よる」が減退して、進行態と結果態の両方を表す「～とる」の使用が増えているのであるが、マリアナ地域の残存日本語においても最初は「～よる」、「～とる」の両形が使用されていたが、のち「～よる」が減退し、アスペクト表現が「～とる」だけになっているのだ、とする見方の可能性もここに示唆されていよう。

　5、6は、西日本共通語における形容詞のウ音便形（よく＞よー）ではないかと考えられる。7、8は、西日本共通語でよく使用される指定助動詞の「や」ではないかと思われる。9、10は、ウチナーヤマトゥグチで使用されている文末詞「さー」の影響を受けたものと考えられる。11は、語彙の面でウチナーヤマトゥグチの影響を受けたものではないかと考えられる。高江洲（1994）には、この単語の形は標準語と同じであるが、伝統方言の意味を受け継いでおり、標準語の意味とはずれているものであるとされている。

　以上にみたように、マリアナ地域の残存日本語は全体的には標準語に近いが、西日本や琉球の影響を受けている。これは、本籍別人口統計資料からも明らかなように、マリアナ地域には沖縄出身者の移民が圧倒的に多かったことによる結果であろう。そのような歴史的な背景を考えると、西日本出身者から西日本方言を直接的に導入したというよりも、むしろ沖縄出身者の話す西日本共通語の影響を受けたとみた方が妥当であろう。そしてマリアナ地域独自の日本語変種が生まれたのである。[21]

21　戦前、南洋庁に住んでいた帰還者の回想録に、住民もそこで使われていた日本語を1つの言語変種として捉えていたと思わせる文がある。それを「南洋訛り」と呼んでいる（伊波1994：293）。

第9章
サイパンのカロリン語に入った日本語

　これまで戦前生まれのマリアナ諸島の人の日本語について考察してきたが、本章では戦後生まれの人の現地語における日本語起源借用語の認識や使用について考える。マリアナ諸島にはチャモロ語とカロリン語の二言語があるが、ここで1960年代生まれのカロリン語話者の面接調査の結果を分析する。調査では、ハワイ大学出版社から出ているカロリン語・英語辞典（Jackson & Marck 1991）に掲載されている単語のうち、起源として「日本語」と記されている単語、および無表示であるが日本起源と思われる単語について尋ねた。被調査者がその単語を知っているかどうか、辞書に載っている意味として使っているかどうか、記載されていない意味合いや派生語（名詞の動詞化など）がある場合にそれを教えてもらい記述した。調査は2005年9月22日にサイパンで行ったもので、調査協力者はカロリン語を母語とする Cinta Kaipat（女性・40代）であった。同席していた弟の Gus Kaipat（男性・40代）に被調査者が相談するということもあった。2人ともカロリンを母語とし、チャモロ語も生活言語として自然習得しているほか、島内でチャモロ以外の住民（数多くのフィリピン系や中国系住民）と話す際に使われる英語もネイティブ並に話せる。しかし、被調査者はカロリン語の読み書きを教わっていないため、辞書に記載されていない単語を調査者に教える際、その教育を受けている弟に標準的なカロリン語の表記法を確認することがあった。なお、Gus は（Cinta と違って）日本語の授業を受けたことがあるが、2人に確認したのは「これらの単語を日本語として、あるいはチャモロ語として知っているかどうかが知りたいのではなく、あくまでもチャモロ語としての知識を聞きたい」ということである。ここでは相談した項目を明記していないが、いずれにせよ、姉弟の認識・使用にはほとんど差異がなかった。

　ハワイ大学出版社のミクロネシア諸言語の辞典が作成されたのは1960年代、70年代である。当然辞書を作成した際に豊富な知識を持つ、教養のある母語話者をインフォーマントにしたのだが、そうした話者のほとんどは戦前の日本語

教育を受けているのである。それゆえに、辞書に日本語起源の借用語が掲載されている場合、それは果たして日本語を知らない世代も知っているかどうかが気になるのである。

以下は Kaipat 姉弟の現代カロリン語の意味や使い方に関するコメントを基にした解説である。

abwura 「油」に由来する。辞典に記載された定義は "oil or lubrication for cars or machinery"（車や機械の潤滑油）であるが、インフォーマントによると、むしろ「鯨の油かブタの脂」や「太っている人の脂肪」に使うとのことである。なおサイパン（やパラオなど）の年配者（日本語教育経験者）の中にアブラを「自動車の燃料」の意味で使う人がいるが、インフォーマントに確認したところ現在のカロリン語でこの使い方はないことがわかった（それにはアメリカ英語起源の gaas を使うとのこと）。（ちなみにチャモロ語辞典には「油」に由来する単語は載っていない。）

aikkyu 「配給」に由来する。定義は "rations of food, distributed regularly by the government to poorer families, and to everyone in times of emergency" となっている。「自分の割り当てられた部分」の意味で使うので、分けられた物を人に渡すときに「はい、これがあなたのアイキュウ」のように、日本語にない使い方が主である。単に「あなたの分」を表す別の表現を使うときに比べて aikkyu を使うと「限りがあるから大事にしてね」というニュアンスが含まれる。アメリカ信託時代に物資が届くと「アイキュウが来た」に当たるカロリン語の表現を使っていた。語頭の /h/ が脱落しているのは規則的な音変化だが、促音化が起きている経緯は不明。動詞（aikkyu-li）として使う品詞変化もみられる。[意味の推移、音変化、品詞拡大]

aizara、aizira、haizira 意味は起源語「灰皿」のまま。辞書に載っている3種類の発音のうち、インフォーマントは aizara のみ使う。サイパンのカロリン語は3つの方言に分かれるが、/h/ が音素となっているのはその島北西部のタナパグ方言のみである（他の二方言では [s] が [h] に対応して

いる)。辞典によるとタナパグでは haizira が使われるが、インフォーマントは島南部のカロリン語方言話者であり、「配給」や「灰皿」には語頭の [h] が脱落した発音を使う。[za] が [zi] に変化したは規則的音変化ではないので、その原因は見当たらない。[不規則的母音変化]

ambwooli　"li" は名詞を動詞化する接尾辞なので、基本語は ambwoo である。綴りは「あんぶう」にみえるが、意味は「人を(物では無く)背中に乗せる」ということなので日本語の「おんぶ」が起源であることは間違いない。[o] が [a] に変化した経緯はわからない。インフォーマントによると辞典に掲載されている動詞以外にも ambwoo という名詞も使われる。[不規則的母音変化]

ampaiya　辞典には日本語起源と記されている。英語からの借用とも考えられるように思われるが、戦前から使われているからこのように判断されたと思われる。意味の拡大がみられず、あくまでもスポーツ、主に野球の審判に使う。

amwosoreey、amwosoroy　辞典には "fun, enjoyable" の意味と記述されているが、インフォーマントによると現代カロリン語では聞かない。日本語の「おもしろい」に由来するのは間違いないが、amwoo にみられた原因不明の [o] → [a] の母音変化がここにもみられる。「おもしろい」の /si/ も [so] になっており、灰皿の [za] → [zi] の母音変化を合わせて考えると、単なる覚え間違いによるランダムな母音変化が頻発しているようにもみられる。[不規則的母音変化]

anzibwong　辞典には "short pants for men or women" とあるが、インフォーマントによると、カロリンの女性は半ズボンを穿かないので主に「男用の半ズボン」という意味。上の aizira と同様 [h] の付いた変異形がタナパグ方言として記載されている。

azinomoto　意味は変わっていない。「味の素」。

biiru　「ビール」。カロリン語において［b］は（［m］や［p］と同様）原則として［bw］になる。日本語起源の借用語のほとんどにおいて［b］→［bw］の対応がみられる。biiru は非円唇形の［b］のままで発音される珍しい例である。

bwaaru、bwóóru　「金てこ、バール」の意味。インフォーマントは両方の発音を使う。辞典に載っている bwérúbwér は未知語。綴り字の"ó"、"ế"、"ú"はそれぞれ［ɔ］、［ə］、［ɨ］を表すが、日本語の［a］や［u］がこれらの母音に変わったかは不明。［不規則的母音変化］

bwokongo　意味は "cave, air raid shelter" とある。日本語では防衛のための「防空壕」攻撃のための「トーチカ」と区別されるが、カロリン語では両方とも bwokongo になる。これらの意味の他に「洞窟」の意味でも使われるので、意味がかなり拡大していることがわかる。インフォーマントはこのすべての意味合いでこの語を使う。なお、インフォーマントの発音はむしろ日本語の原音（あるいはチャモロ語の発音）に近い bwokungo である。"ko"は上の項目で取り上げた多数の「不規則的な母音変化」と考えるべきなのか、それとも単なる誤記なのかは不明である。ただ言えることは上記の［o］→［a］、［a］→［i］、［i］→［o］という母音対応と違って、ここでみられる［u］→［o］の対応はカロリンの土着語（例えば bwura、bwora「勇気」）の変異にもみられる。なお、綴り字をみると /n/ が挿入されているようにみえるが、音節構造は bwo-kon-go ではなく、bwo-ko-ngo である。つまり、カロリン語の音素となっている /ng/ がここで音節頭に現れているのである。［不規則的母音変化、意味領域拡大］

bworoonsi　「ブロンズ（青銅）」と「真鍮（黄銅）」の両方の意味。日本語のブロンズが起源とされているが、そうならここにも［u］→［o］の音変化が実現しているわけである。

bwooro　日本語の「段ボール」に由来する。現代カロリンの意味は煙草などのカートンのような箱を意味する。

bwoozu　日本語の「坊主」に由来するこの単語は辞典で "to be bald, have very close-cropped hair" と定義されているが、インフォーマントはそこに含まれる「ハゲ頭」の意味を認めない。むしろ日本語に近い「髪を剃った状態」を指す単語であり、天然ハゲの場合には別の語（土着語）が使われる。

bwuraasi、bwurasiiy　「ブラシ」に由来。辞典では前者が名詞で "brush"、後者は動詞で "to brush something" と定義付けられている。しかし、インフォーマントによると、歯ブラシや歯磨きするときだけに使うのであり、髪をとかすときのブラシには使わない。［意味領域縮小］

daibang　辞典の意味は「大きい」のみと書いてあるが、インフォーマントによると主に大きい魚に使う。稀に子どもが大きい場合に使う。辞典では日本語起源とされているが、原語は定かでない。候補として「大判」や「大盤」などが考えられる。［意味変化］

daikon　「大根」。使う。

deebwu　「デブ」。太っているということだが、日本語と同様、人間以外の動物などには使わない。なお、チャモロ語でも使う。

dempwo　「電報」。知らない。電報そのものが現代生活において存在が薄いことと無関係ではなさそうである。

denden　「デンデンムシ」のことだが、ムシが省略されている。チャモロ語でも使う。［語形変化］

densuku 「電蓄」。知らない。その代わり、辞典に載っていない tchikonki（追加リスト参照）を挙げた。

dengki 「電灯」の意味。現代日本語において「電気」は主に(1)電子が動くエネルギーのこと（静電気、電気うなぎ、電気回路）、(2)電力のこと（電気を引く、電気料金、電気のない生活）、(3)電灯のこと（電気を消す、電気をつける）。カロリン語の dengki はもっぱら3つ目の意味。

dengwa 「電話」。知らない。現代は英語の telephone に由来する単語が使われる。

dokko 重い物を腕で持ち上げること。知らない。辞典では日本語起源と記されているが、起源語が不明。多くの単語に予測不能の母音変化を考えると「抱っこ」との関係も気になる。

draiba 辞典には自動詞と記されているが、これは誤記か。インフォーマントは名詞なら draiba を使うと答えている。意味は「運転手」のみであり、「道具のねじ回し」には使わない（それには英語の screw driver に由来する単語が使われる）。［意味領域縮小］

findosi、findoosi、fondosi 日本語の「褌(ふんどし)」に由来する。また予測不能な母音変化（[u] → [i]）がみられる。ただし、インフォーマントは fundosi という発音しか知らないと言っている。意味が従来の巻くフンドシの意味から、男性が穿く下着一般へと拡大しているが、これは高年層以下の人にとって理解語彙であり、使う機会がない。［意味領域拡大］

fuuto 日本語の「封筒」に由来するが、現代の意味は「紙袋」であり、逆に封筒の意味では使わない。［意味変化］

gakko 「学校」のこととしてごく普通に使う。ちなみに、チャモロ語で

学校を意味するのは eskuela でスペイン語から来ている。単語の違いは歴史的な同化状況の違いを反映している。なお、チャモロ人はスペイン支配時代から西洋的な教育制度に参加しているが、カロリン人にとって学校に通い始めたのは日本時代になってからのことである。

giriifu　この語は "water from the faucet, tap water"（水道水）を意味し、辞典には日本語起源と記されているが、誤りと思われる。インフォーマントによるとごく普通に使うが、本人にも日本語起源という意識はなかった。

guroobwu　聞いたことはあるが、今は使わない。現在はむしろ英語起源の glove を使う。taibukuro 参照。

ingki　「インキ」。知らない。

kkaaba　辞典には "canvas, oilcloth, raincoat" とあるが、日本語のカバーとカッパの両方が混乱されているのではないかと思われる。いずれにしても、インフォーマントのコメントによると、雨具の意味ではなく、あくまでも雨が入らないように上にかぶせるシートのことのようである。

kkairo　「蛙」の意味。[ae] → [ai] の音変化は理解できるが、[u] → [o] の母音対応は不審である。

kaisa　「会社」。辞書には "business company" となっているが、付記として "usage : archaic" と記されているので、採集の時点ですでに使われなくなっていたことがわかる。

kkamma　農具の「鎌」。

kkatana　「刀」。使っていない。

katsido　映画のこと。「活動写真」を短くしたもの。この語は2人のインフォーマントの理解度が異なったものである。姉は「おじさんが使っていたのを聞いたことがある」と言ったが、弟は「聞いたことが無い」と答えた。

katso　「ツナ」の意味でごく普通に使われている。

kkento　辞典では"sport of boxing; to box"(「拳闘」、「拳闘する」) を意味する名詞または自動詞となっている。使っていない。

kiisami　辞典では"ceiling of a house"(天井) を意味する日本語起源の単語とあるが、誤りのようである。

kkiyooso　昔の学校で「早足競争」の意味で使われていた。

koori　"ice, shaved iced"「氷、カキ氷」の意味。姉は聞いたことがあるが、弟は知らない。

kootay　「交代」。知らない。

kuumi　「組」。知らない。

lokka　一般の履物。辞典では日本語起源となっているが、誤りであろう。

mangaro　「まぐろ」。知らない。

moota、mwoota　「エンジン、モーター」。使われている。

namaiki　よく喧嘩を売る人、「生意気」な人。

nangasi 「流し台」。カロリン語には [ŋ] が存在するので日本語のガ行の鼻濁音と非鼻濁音の違いに敏感である。「nangasi」の綴りをみれば、ナンガシにみえるが、カロリン語では [na-ŋa-si] である。

nappa 「菜っ葉」。使う。

ne 文末詞のネ。使う。「aa ne？」（そうでしょ？）のようにカロリン語として使われる。チャモロ語でも使われる。

ngaasan、ngaasal 辞典では "mats made of straw in the Japanese fashion"（日本風に造られた藁のマット）とあり、畳のことのようである。辞典では日本語起源と記されているが誤解だろう。

otobay 「オートバイ」。使われている。

patsingko 辞典では "speargun with stretching rubber for propelling the spear"、すなわち「水中銃」。インフォーマントによると最近は玉を打つゲームのパチンコの意味でも使われる。鳥を取ったりするY字形の木にゴムひもを張った物には使わない。

ppwooto 辞典では "steamed rice cake, shaped like a star, made from ground rice and sugar"（米からできた星型の菓子）と解説し、日本語起源と記されているが、誤りのようである。

riyaaka、diyaaka 「リヤカー」。知らない。

saaru 「猿」。使う。

sasimi 「刺身」。使う。

saasing、sassing 「写真」。知らない

sikooki、skooki 「飛行機」。使う。

simbwung 「新聞」。知らない。

siisi、siisii 子どものことば。オシッコのこと。偶然に土着語でも同じ意味を表す siir という単語がある。siisi は幼児語だが、siir は一般に使われる単語。

takkuri 「ヤカン」の意味。日本語起源とされているので、トックリが音変化したものか。インフォーマントによると家では良く使っていたという。

tangki、tangkki 辞典では "water tank" となっているが、インフォーマントによると「水を入れるタンクだけではなく、ガソリンなども入れる」物という。

taraay 「盥(たらい)」。知らない。

tebwukuro、taibukuro インフォーマントは辞典にある tebwukuro ではなく、taibukuro という形を使う。「手袋、作業用の手袋」。glove とは区別される。庭掃除のときやきつい仕事のときに使う。最近は聞くことが少ない。

teegus 「てぐす」。使う。

tekking 「漁の網」。コンクリートの中にある鉄筋という意味でも使う。

temma 「伝馬船」。知らない。

tempura 「てんぷら」。使う。

tento 「テント」。使う。

teppang 「鉄板」。使う。

tilimpo 「回す駒」。辞典では日本語起源と記されているが、これは誤解のようである。tulompo、tolompo の変異形も辞書に載っている。

taama 「電球」。玉に由来。(辞典に載っている tooma は使わない)

tongku、tangku 辞典には「戦車」を意味する日本語起源の単語として載っているが、これは誤解のようである。むしろ英語の tank であろう。

ubwong、ubwoong 「小盆」。知らない。

yuumi 辞典には "bow and arrow" と訳されている。インフォーマントも弓と矢の両方を合わせて指すと述べた。yuumiiy という動詞もある。

zambara 子どもの「チャンバラ」。よく使う。

zampang 「残飯」。知らない。

zoori 「ぞうり」。ごく普通に使う。

zungwa 辞典には "to draw, paint pictures ; a drawing or painting" を意味する動詞または名詞として掲載されており、しかも日本語起源と記されている。起源語は不明。インフォーマントは知らないと答えた。

zuri 「ずるい」に由来すると思われるが、辞典には "to cheat, to be a cheater"（人を騙す）という動詞として載っている。インフォーマントによるとよく使う。

辞書に載っている単語以外にも、インフォーマントは以下の単語を日本語起源のものとして挙げた。

bakudan 「爆弾」に由来するが、「爆弾」そのものの意味では無く、爆弾の投下によって空いた地面の穴を指す。そこからの類推でマンホールという意味でも使う。[意味変化]

bakudanko 「爆弾庫」に由来。爆弾を置く場所のこと。bakudan は「爆弾」そのものの意味を失っていることを考えると bakudanko にはその意味が取り残されていることが不思議である。

bentoli 「お弁当を持って行く」を意味する動詞。-li はカロリン語の名詞を動詞化する役割を果たす接尾辞である。ambwooli や aikkyuli などにも同様な動詞化現象がみられる。

kaabu 「カーブ」。曲がり角。ごく普通に使う。もちろん英語起源の日本語（外来語）なので、カロリンで使われている単語は英語から直接入ったとも考えられる。しかし、戦後英語から入った単語の多くはむしろ英語原語の発音に近い形で発音される。このことを考えると kaabu は日本語だと考えるのが妥当だと思われる。以下のような派生語も使われる。

kaabula 「曲がる」。日本語のカーブに方向性を示す接尾辞-la（辞典にある-ló の変異形）が付いた動詞。

kaabuto こっちの方に曲がって来る。カーブに方向性を示す接尾辞-to が付いた動詞。

kisutanai 「汚い」の意味。発音がなぜかキスタナイに変化しているのかはわからない。

第9章　サイパンのカロリン語に入った日本語　145

pankgu　タイヤやバスケットボールの「パンク」に使う。

sarumata　男女問わず下着のこと。女性用か男性用を明確にする場合、以下のような派生形が作れる（schóóbwut は「女」、mwáál は「男」）。
 sarumatal　schóóbwut　女性用の下着、単数形
 sarumatar　schóóbwut　女性用の下着、複数形
 sarumatal　mwáál　男性用の下着、単数形
 sarumatar　mwáál　男性用の下着、複数形

soba　「蕎麦」。

sogasii　「忙しい」。母親の世代は良く使っている。

sukato　「スカート」。

towasi　「たわし」。動詞としても使う、「たわしでこする」。不規則な [a] → [o] の母音変化が起きている。

tchikonki　「蓄音器」。インフォーマントは理解語彙として挙げた。

udong　「うどん」。

以上、1960年代生まれのカロリン語話者が知っている日本語起源について検討した。カロリン語辞典に載っている日本語起源の単語は全部で101語あるが、今回の被調査者はそのうちの81語を知っている。戦前にカロリン語に入った単語の保持率は80.2％である。逆にいえば、20語が戦後になって使われなくなった単語で、その忘却率は19.8％に止まっていることがわかった。

第10章

南の島々における「言語交流」

　本章では、マリアナ諸島とパラオ、さらに小笠原諸島と琉球諸島の言語的類似点を探ってみたい。これらの共通点には少なくとも5つが挙げられる。1つ目は島であること。日本本土と違って「隣町」へ行くのが陸路ではなく、海路であり、人々の移動や物の運搬を船に頼らざるをえないという類似する生活様式である。2つ目は日本本土より南にあるということ。気候やそれにそれに起因する自然環境（動物、植物）や食生活などの類似性である。3つ目は最も重要である。これらの地域において日本語(少なくても標準語など日本本土のことば)は比較新しく入って来たことばであった。もちろん琉球語（見方によっては琉球諸語、琉球諸方言）は沖縄県や奄美群島において昔から話されている。これは明らかに本土の日本語とは同系統のことばであるが、相互理解がない。これらの地域において日本語が一般に使われるようになったのは1870年代である。小笠原諸島でも日本語を多く使う人が入って来たのは1870年代である。マリアナ諸島やパラオで日本語が多く使われるようになったのは、1910年代である。長い歴史の中でいえば、この40年ぐらいのスパンはわずかなものである。いずれにしても、これらの地域において（本土の）日本語は昭和初期当時まだ新しく入った言語なのであった。4つ目であるが、「新しく入った」とは単に「日本語の使用期間の歴史が短かった」という意味だけではない。ハワイで日本語が話されるようになったのも、ブラジルで話させるようになったのと同じ時代だが、それらとは大きいな違いがあった。それはそれらの地域へ日本語を母語とする人々が新しく渡ったというだけではなく、3つの地域において、日本語が第二言語として使われていたという共通点である。この点は、日本語が母語話者の間だけで使われていたハワイやブラジルとは異なるのである。5つ目は、これらの地域同士に交流があったということである。ここでいう「交流」とは、すなわち人の移動である。明治時代から20世紀半ばにかけて、日本は近海の太平洋諸島へと勢力を伸ばした。その際、地理的にも文化的にも日本本土とミクロ

ネシアとの中間に位置づけられる小笠原諸島が中継地点としての役割を果たしていた（ロング2000）。そして、南洋の島々を開拓した多くの人は（本書第1章で述べたように）沖縄の人々であった。

本章では旧南洋群島と小笠原諸島との言語的共通点を概観し、「言語交流」の類型を試みる。日本本土で使われなくなった単語がマリアナ諸島にも小笠原にも取り残されている。カンザシ（簪）やサルマタ、乳バンドなどは対象物そのものの変化とともに外来語にすり替えられた。ゴフジョ（御不浄）やイジン（異人）、ナイチ（内地）、ハラメ（孕女）は社会的意識の変化とともに新語に置き換えられた。

一方、太平洋諸島起源の単語が小笠原にもみられる。ハワイ語のタマナ（テリハボク）やカナカ（太平洋諸島民）、チャモロ語のカンコン（朝顔菜）、クィリー（魚のミナミイスズミ）、シーカンバ（葛芋）、タガンタガン（銀合歓）などは小笠原にいったん入ってから、日本語として南洋群島全域に広がったのである。なお、南洋群島と同様に小笠原にも八丈島民が大量に入植したものの、八丈島の言語的影響は「オジャレ」（いらっしゃい）のような標語ぐらいにしかみられない。

なお、本章はロング（2011）に基づくものである。

10.1 周圏論と植民地遅延現象（伝播した古い日本語）

柳田國男が指摘した「周圏分布」とは、文化的中心でどんどん新しいものが生まれ、周辺へと伝わっていき（伝播）、古いものが中心から離れたところに取り残されるという現象である。柳田が周圏論を適用したのは日本本土地域であるが、同じ現象が小笠原諸島や南洋群島（さらにはハワイなど）で使われる日本語にもみられる。日本の「中心」に当たる本土（内地）で新しい言い方が生まれてもそれが「周辺」である小笠原やマリアナ諸島には届かず、古い単語が取り残される状況がみられる。

似たような現象が英語圏にもあることを指摘して、イギリスの社会言語学者トラッドギルはそれをコロニアル・ラグ（Colonial Lag＝植民地遅延）と名付けた（Trudgill 2004）。ハワイの日本語でカメラのことを「写真機」と言ったりするような現象がこれに当たる。また、沖縄本島では若年層どころか中年層も伝統

方言を話せなくなっているのに、南米の沖縄系移民コミュニティに育った二世や三世の若者が（標準日本語が話せないのに）、方言を聞いてわかる「消極的バイリンガル」になっている現象もこれに相当する。

　具体例をみよう。まず、本土で消えているのに小笠原で日常的に使われ続けている単語で最も目立つのは「ナイチ」という単語であろう。これは「内地」であり、戦前に「外地」（植民地）と区別されていたが、現在も沖縄や北海道、小笠原などではごく普通に使用されている言い方である。なお、沖縄では「内地」よりも「本土」の方をよく耳にするが、小笠原では反対に「本土」ということばは（内地から来た人の間で使われるにしても）島の人の間ではほとんど聞かない。小笠原では「内地」が日常会話だけではなく、郵便局のような行政関係で、しかも書きことばとして使用される点が特徴的である。

　これ以外にも「カメ」（瓶子、甕）がある。こうした「物の名称」の場合には、単語そのものが使われなくなること（廃語）とそれが表す対象物が廃れていく（廃物）問題が密接に絡み合っている（高橋1985）。小笠原における「カメ」の使用は純粋に単語だけの残存とはいえないが、少なくとも言えることは、この単語を現在の内地で耳にすることはあまりないのに対し、小笠原では日常的に聞かれる、ということである。カンザシ（簪）は現在の内地では、和服の時に髪に刺す長いピンを指し示す言い方として使われるが、小笠原で日常的に使われるものは、現在の内地ではヘアピンに対応するものである。

　「ゴフジョ」（御不浄）も小笠原で生き残っている内地の死語といえる。この単語の場合は「廃物廃語」というよりは、美語・丁寧語の「陥没穴」とでも呼ぶべき現象に当たる。名称はともあれ、広く知られているこの現象は綺麗な響きを持っている単語が、段々と響きが悪くなりレベルが下がっていく。厠が使われているうち響きが悪くなり、語彙体系にぽっかり空いたその空白を埋めるように「はばかり」や「手水」が綺麗なことばとして一般化したものの、時間とともにまたそれらのレベルも落ち、その穴埋めに「御不浄」が誕生した。しかし、これも（内地では）次第にイメージが落ち、戦後に「お手洗い」や「トイレ」に取って代わられた。一方、小笠原は戦後に日本から引き離されて米軍の統治下に置かれることで日本本土との行き来やコミュニケーションが途絶えた。そのため、ここで紹介している単語を含めて、小笠原の日本語は戦前のま

まで時間の流れが止まったのである。そして、1968年の返還の際に、浦島太郎のごとく、「戦後の日本語」へとタイムスリップしたわけである。

妊婦を指す「ハラメ」(孕女)や帽子の一種である「チャッポ」(内地ではシャッポ)、また欧米系島民を指す「イジン」(異人)とその派生語「イジンドーナツ」(サーターアンダギーに似た甘い揚げパン)や「イジンモモ（グアバ、キバンジロウ)にも古めかしい響きがある。

小笠原はいまだに「カッドー」という単語が使われている。これは「活動写真」(映画)を省略したものである（ロング・橋本2005）。サイパンの現地語の1つチャモロ語にも、日本語起源の借用語 kachido（映画）が見られるし、ヤップ語でも kaechiidoo（映画）が使われる。パラオ語には katsudo（映画）以外に katsudokang（映画館）や複合表現の mesil er a katsudo（映画投影機）、さらに動詞の oukatsudo（映画館を経営する）が存在する。

サルマタ（猿股）は、単語も（物も？）内地の日常生活から姿を消しているのだが、小笠原やマリアナ諸島ではまだ日常用語として使い続けられているのである。

10.2　小笠原と旧南洋地域に伝わった八丈方言

現在も小笠原と旧南洋地域をむすぶのは両方の八丈島との関係である。

八丈方言には非常に発達した敬語体系があることは周知のところである。小笠原にはこうした敬語が生産的かつ体系的なものとしては残っていないが、いくつかの決まった表現のみが知られているのである。

一方、パラオ語には日本語起源の借用語が大量に入っているとはいえ、これらのほとんどが内容形態素であり、八丈方言のような敬語体系はみられない。しかし、昭和16 (1941) 年7月に作られた「パラオ恋しや」(森地一夫作詞／上原げんと作曲／岡春夫唄)という歌謡曲の歌詞には、以下のように「オジャレ」という八丈系の敬語が入っている。

「パラオ恋しや」
海で暮らすなら
パラオ島におじゃれ
北はマリアナ南はポナペ
島の夜風に椰子の葉揺れて
若いダイバーの舟唄洩れる
島へ来たなら
ダイバー船へお乗り
男 冥 利に命を賭けて
　みょうり
珊瑚林に真珠採りするよ
ダイバー愛しの鼻唄歌うとて
波のうねりに
度胸が据わりゃ
海は故郷パラオの王者
アンカー下ろしてランタン振って
帰るダイバーは人気者

マリアナ諸島にはさほど日本語の人名が見られないが、小笠原には浅沼など

写真4　パラオのアサヌマ興業

八丈系の名字が多い。パラオでも日本の名前を持つ人が多く、写真4にある"M. Asanuma Ent."のように日本の名前の入った看板が目立つ。現在この「浅沼興業」を率いるSanty Asanuma氏は八丈島系商人の孫に当たり、かつてパラオの国会で上院議員を務めた人である。

10.3 小笠原からパラオに伝わったハワイ語

旧南洋庁地域（および沖縄）に伝わったハワイ起源の単語がある。意外に思われるかもしれないが、その伝播ルートは小笠原である。

ハワイに *tamani* という木がある。同じ木が小笠原とパラオの両方でタマナ（*tamana*）と呼ばれている。葉や実を見ると、パラオでいう *tamana* と小笠原でいうタマナは同じ木（あるいは極めて近い種）としか思えない。

ハワイでは [k] と [t] は元々同一音素で、方言によって異なったり、あるいは同一の音素の異音として同一の方言内で自由変異として表れたりする。歴史的には [t] が古く、その後、変異的状況を経て、徐々に [k] へと変化していった。現在のハワイ語の事実上の標準は [t] ではなく [k] であるので、ハワイ語では *kamani* となっているのである。

この木の標準和名は「テリハボク」（オトギリソウ科）で、学名は *Calophyllum inophyllum*、英語圏では *Alexandrian laurel, tamanu, beauty leaf, mast wood* などと呼ばれている。広域分布種であるこの木は小笠原など太平洋に広く存在している。パラオ語はハワイ語と同じくオーストロネシア語族の言語であるが、ハワイ語が東マレー・ポリネシア語派に属するのに対し、パラオ語はオーストロネシア語族の中の孤立言語である。いってみれば英語とアルバニア語くらいの言語的相違がある。従って、同語族だから同じ単語になったというわけではない。パラオ語辞典では、この木の名前が *btaches* となっている。パラオの高年層に確認したところ「通称はタマナだが、それはパラオ語の伝統的な名前ではなく、近代になって入った表現だ」と言う。何語かを尋ねると「日本語ではないか」と答える。念のため、この木の名称を太平洋地域の言語で調べた結果は次の通りである。（パラオに近い順番で）ヤップ：*biyuch*、グアム、北マリアナ諸島：*daog, daok*、トラック：*rakich*、ポナペ：*isou*、コソラエ：*eet*、マー

シャル諸島：*lueg*、キリバス：*te itai*、クック諸島、タヒチ、マルケサス諸島：*tamanu*。すなわち、19世紀から20世紀にかけてのスペインの旧植民地や日本の旧南洋地域をみても、現在パラオで使われている *tamana* に近い言い方はみられない。類似しているのはハワイなど、遠く離れ、しかも歴史的に関係の浅いポリネシア文化圏である。そこでハワイ語からパラオ語への伝播ルートとして小笠原経由といった仮説が立てられるのである。しかし、その直接伝播には問題がある。1つには、ハワイとパラオとの距離が長く、これまで歴史的なかかわりを持っていない点である。もう1つは、説明できない音変化（あるいは音対応）である。ハワイ語やタヒチ語は *tamani* や *tamanu* であるが、小笠原とパラオの両方に伝わっているのは *tamana* という形である。小笠原の場合においてもなぜ [i] → [a] といった母音変化が起きたのかはわからない。一方、必然性のないこうした音変化がパラオ語にもみられるのであるが、これは偶然の一致とは考えにくい。やはり、パラオ語の *tamana* は小笠原を経由して伝播したと考えるのが自然であろう。

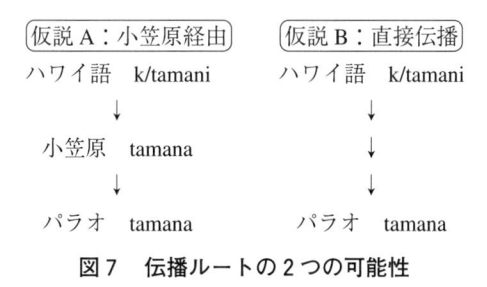

仮説A：小笠原経由	仮説B：直接伝播
ハワイ語　k/tamani	ハワイ語　k/tamani
↓	↓
小笠原　tamana	↓
↓	↓
パラオ　tamana	パラオ　tamana

図7　伝播ルートの2つの可能性

　なお、小笠原ではタマナの当て字として「玉名」が使われたことがある。これは、いわゆる民間語源説である。
　パラオではこの木の実が子どものおはじきとして利用されていたので、「玉」への連想が強くなったと思われる。

10.4 小笠原に伝わったマリアナ諸島のことば

　小笠原諸島が1870年代に日本に併合されて以来、内地の南洋貿易船の拠点は小笠原であった。第1次世界大戦によってサイパン、テニアン、ロタが日本の領土となってからは、小笠原との人的交流にさらに拍車がかかった。戦後、小笠原はマリアナ諸島と同じようにアメリカの支配化になったので、日本本土よりもマリアナ諸島との関係が深くなった。大人は職業訓練など、中高生は教育のため、サイパンやグアムに長期滞在することがあったし、入院するにもこれらの島に行ったのである。こうした長い関係が今日の島民の話しことばに反映している。

　小笠原でササヨと呼ばれている魚（標準和名ミナミイスズミ、学名：*Kyphosus bigibbus*）は欧米系の間では「グィリー」、もしくは「グリ」と言われている。チャモロ語で *guili* はイスズミ科全般のことを指すので、それが起源であることは確かである。

　チャモロ語に由来する植物名も多数みられる。ヒルガオ科のつる性多年草であるヨウサイ（標準和名、学名：*Ipomoea aquatica*、別名：蕹菜（えんさい）、朝顔菜、水アサガオ、パックブンなど）は特にサイパンの生活経験がある島民の間で「カンコン」という名で知られている。茎葉を炒め物に使うこの植物のチャモロ語名は *kankong* である。

　「シーカンバ」もチャモロ語起源の食用植物名である。標準和名がクズイモ（別名：ナシイモ、学名：*Pachyrhizus erosus*）であるこのつる植物は白くて甘い塊茎（かいけい）ができる。チャモロ語でいう *hikamas* やフィリピン語での *shicamas* は元々スペイン語の *jicama* に由来する。小笠原のシーカンバはおそらく英語の *cucumber* との混交形によって生まれたものであろう。

　最後に挙げるチャモロ語の例は、小笠原でギンネム（銀合歓、学名：*Leucaena leucocephala*）という名で知られている鳥の羽のような葉（羽状複葉）を持つ植物である。一部の島民の間で「タガンタガン」という言い方をするが、これは明らかにチャモロ語の *tangantangan* からきている。

　さて、マリアナ諸島から小笠原に伝播しことばはチャモロ語だけではない。小笠原では伊勢えびのことを「ロングスタ」と呼ぶ人がいる。これはスペイン

語である。スペインは数百年に渡ってグアムやサイパンなど北西太平洋のほんとどの島々を支配し、スペイン語はチャモロ語に凄まじいほどの影響を与えたのである。ちなみに小笠原の欧米系の間では英語のロブスタも通じるが、戦後世代の話者には「ログスタ」という混交形が生まれている。

　小笠原で使われる「カナカ」ということばはおそらく入植が始まった1830年当時から使われていたので、サイパンから伝わったとは限らない。しかし、現在ではこの単語を日本語の会話で聞くことができるのは小笠原で話されている日本語とサイパンで話されている日本語だけである。ここに2つの地域の共通点がある。

　「カナカ」は日本本土では使われないどころか、通じないことばである。その意味には広義と狭義がある。広い意味では、太平洋諸島民一般を指す総称であるが、この言い方に対してはやや差別的に感じる島民もいる。小笠原では、身辺の衛生状態が悪い人のことを非難するときに、「そんなカナカ人みたいなことをするな」といった使い方をする。戦前、チャモロ族とカロリン族はひっくるめて「島民」と呼ばれていた（ちなみに、日本語が話せる現在の高年層にはこの言い方もやや差別的に感じている人がいる）。

　一方、2つの民族を区別するときに、カロリン人の方をカナカと呼んだ。現在の北マリアナ諸島においても日本語の話せる年層のカロリン人は自らをカナカと呼んでいる。これは自己嫌悪でも皮肉でもなく、ただ単に自分たちカロリン民族を意味することばとして用いているだけである。ちなみに、この単語はハワイ語の *kanaka*（人間）に由来し、19世紀から太平洋地域で広く使われて各地のピジン英語にも入っていることばである。

10.5　共通性がみられるネーミング法

　小笠原諸島のそれぞれの島名は家族を表す単語からなっている。父島列島には兄島、弟島、孫島があり、北には聟島、媒島、嫁島、南には母島列島の姉島、妹島、姪島がある。こうしたネーミングを考えたのは、1675年当時「辰巳（あるいは巽）無人島」と呼ばれていた小笠原諸島の巡検航海と調査・観測を幕府に命じられた嶋谷市左衛門である。

日本本土は古来日本語を話す人々が住んでいるので、このような人為的計画性をもって付けられた地名はあまり見当たらないが、旧南洋庁地域には類似する名付け方法が見られる。西洋人は、16世紀に太平洋の島々の所有権を主張し始めてから既に住んでいる人々の呼び名を無視して自分たちにわかりやすい名称を勝手に付けていた。南進論を唱えた日本も同じように自分にとって使いやすい日本語地名をミクロネシアの島々に付けた。現在のナモネアス諸島は戦前に四季諸島と改名され、そこには、春島（Weno島またはMoen島、現在のチューク州の中心地）、夏島（Tonowas島またはDublon島、日本統治時代の中心地で飛行場もあった）、秋島（Fefan）、冬島（Uman）があった。七曜諸島（Faichuk島）には、日曜島（Romanum）、月曜島（Udot）、火曜島（Fala-Beguets）、水曜島（Tol、環礁内で最大の島）、木曜島（Paata）、金曜島（Polle）、土曜島（Onomue）があった。これ以外にも、地元では「島」と考えていない外縁部の堡礁にそれぞれ十二支の島名が与えられていた（子島、丑島、寅島、卯島、辰島、巳島、午島、未島、申島、酉島、戌島、亥島）。日本語地名が既に付いていた日本本土とは違って、小笠原や南洋群島ではこうした「シリーズ物」の名付けが可能であったのである。

10.6　南洋における言語交流とその類型

　以上、小笠原で話されている日本語（主に欧米系島民が話す日本語）と旧南洋庁地域で用いられている日本語、あるいは各地の現地語が取り入れた日本語起源の借用語を対象にして、日本本土より南の広大な地域で起きた言語交流を考察した。結果を図8で示した。まず矢印1は本土から突き出して小笠原まで延びているが、本土側の線は薄い点線に変化している。これは上述した「小笠原や旧南洋庁に伝わった後、本土で廃れた単語」を現す。2の線は小笠原とパラオの両方に伝わった八丈方言の影響を表す。3はハワイ語から小笠原に伝わったのち、今度は小笠原からパラオ語に入った単語を表す。4の線はチャモロ語など北マリアナから小笠原に伝わった単語を表す。そして、この南の海の島々で起きた言語交流には沖縄がかかわっていた。本書では取り上げなかったが、5は沖縄から北マリアナやパラオに渡った戦前の移民がそれぞれの地域にもたらした言語的影響を表している。

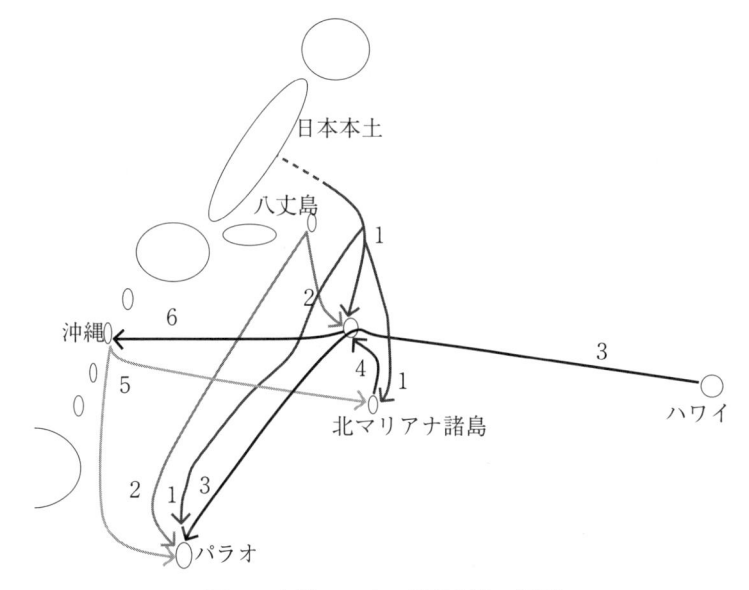

図8　南洋における言語交流の類型

　なお、ごく僅かながら、小笠原が沖縄に与えた言語的影響があり、それを線6で表した。また、これら以外にも小笠原と沖縄の両方の日本語にみられる複数の共通点がある。沖縄から小笠原に渡った人間の数は片手で数えられるほどしかないので、これらの共通点は偶然の一致とも思える。偶然でなければ、両方地域で発展した中間言語の影響とも考えられる。すなわち、沖縄では琉球諸語を母語とする人々が日本語を第二言語として習得する段階で中間言語（ウチナーヤマトゥグチ）が形成された。一方、小笠原ではクレオロイド英語を母語とする欧米系島民が日本語を第二言語として習得した結果生じた彼らの日本語も中間言語的なものとなった。すなわち、小笠原と沖縄における共通点の可能性は（１）小笠原が沖縄に影響を与えたこと、（２）沖縄が小笠原に影響を与えたこと、（３）まったくの偶然の一致、の３つ以外にも、（４）独自な発展を遂げたものの、同じ中間言語という過程を経たため類似性が出た、という第４の可能性を考えなければならない。自然界の進化に例えるなら、鯨類は魚ではないが、似たような道を歩んだ結果似てきたのである。「影響があった」とも「偶然の一致」とも違う「同一の原因」という現象を忘れてはいけないという主張

である。もちろん、これら2つの中間言語のそれぞれの出発点となる母語は異なっていたが、中間言語の誤用の原因がすべて「母語の影響」ではなく、「パラダイムの合理化」や「過剰般化」、「過剰識別」などが大きなウエートを占めているのである。沖縄との関係に関する議論は稿を改めて進めたいと思う。

おわりに

　最後に、当該フィールドにおいて言語学者がこれから取り組むべき研究課題のいくつかを指摘しておきたい。

旧南洋の他の島で使われる日本語との共通点・相違点

　本書ではマリアナ諸島のみの日本語に注目した。分析項目（新情報の「でしょ」など）によっては台湾の残存日本語についても触れたが、これからは台湾、旧満洲、朝鮮半島、サハリンといった地域の日本語との比較も有効であろう。特に歴史や文化、自然環境、言語系統などの点においてマリアナ諸島に近いほかの南洋の島々（パラオ、マーシャル諸島、ヤップ、ポナペ、トラック）との比較は有効であろう。サイパンの中でもチャモロ語とカロリン語のいずれかを母語とする話者は戦前からいた。本書でも両言語の話者のデータを分析したものの、2つの母語による日本語への影響の違いそのものには注目できなかった。2つの言語は同じオーストロネシア語族とはいえ、カロリン語はミクロネシアのほかの言語（のほんとど）が属する東マレー・ポリネシア系統に属し、チャモロ語は西マレー・ポリネシア系統に属する。

　残存日本語の新たな録音データを収集するのは困難だろうが、これまで様々な目的（言語学データ、オーラルヒストリーなど）で収集し、保存された録音データがあるので、それを使った研究はいくらでも可能であろう。特に1990年代から真田信治、土岐哲、渋谷勝己、松本和子、由井紀久子らが行った言語調査のデータとの比較を本格的に行うことで、個々の現地語による言語干渉の影響を見ると同時に、より普遍的な中間言語現象を考察することができよう。

日本語の保持・忘却とかかわる社会言語学的要因

　本書ではマリアナの日本語の文法的特徴に注目したが、同じ戦前の日本語教

育を受けた人でも、保持 (retention) している人と忘却 (attrition) の著しい人がいる。保持・忘却を左右する社会言語学的要因を特定することが今後の課題として残っている。そうした要因として考えられるのは、例えば、戦後の日本語使用体験である。戦後、日本人とほとんど接触しない人もいれば、戦後頻繁に日本人と話したり、定期的に渡日したりした人もいる。前者よりも後者が言語を保持するというおおざっぱな仮説は立てることができるが、その詳細を検証する必要がある。

　近年、言語を習得することは非常に複雑な過程であるということが、実証的研究によって明らかにされてきた。同じように、個人が言語を忘れていくこと (言語忘却) もただ単に「忘れていく」ということではなく複雑なプロセスであることがわかってきている。

リンガフランカとしての日本語使用

　戦後においても、旧植民地で日本語がリンガフランカ（言語が通じ合わない人たちどうしの共通言語）として使い続けられているという話は古くからあったが、近年、その具体的な証拠が蓄積されつつある（簡2011など）。本書で扱ったデータの中にも、長年リンガフランカとして日本語を使用し続けていたチャモロ人とパラオ人夫妻の証言があった。このような日常生活で家庭内で日本語を使い続けた人もいれば、年に一度だけパラオなどほかの島の同世代と会うときのみに日本語を共通言語として話してきたと語るマリアナ諸島の話者もいる。これらの証言で少なくともサイパンにおいてはリンガフランカとしての使用があったことがわかるが、その詳細についてはまだ明らかにされていない。

グアムと北マリアナのチャモロ語話者が話す際の日本語起源借用語

　グアムは北マリアナ諸島と同様、チャモロ語が使われる。しかし、マリアナと違ってグアムは日本の委任統治に置かれた歴史がなく、グアムのチャモロ人は日本語がわからない。日本語起源の借用語が大量に入っているのはマリアナ諸島のチャモロ語だけで、グアムで使われているチャモロ語には入っていない。この言語現象に関する研究テーマには3つが思い浮かぶ。

　1つ目は、コミュニケーションの弊害が生じる問題である。マリアナの話者

のチャモロ語の中に日本語起源の単語が大量に使われている。しかし、それが日本語起源だと意識されていない場合もあることを考えると、彼らグアムのチャモロ語話者と話すときにミスコミュニケーションが生じる場合があると想像される。2つ目は、こうしたグアム人話者とミスコミュニケーション経験を通じて、マリアナの話者の＜日本語起源借用語意識＞が高まることがあると想像される。すなわち、サイパンの話者がグアムから帰って来て次のように考えるかもしれない。「この間グアムの人らに『ズリ』と言って通じなかった……ということは、それは日本語かもしれない」。3つ目は、グアム人の前での隠語としての日本語使用である。すなわち、上で述べた「グアム人は日本語起源の単語を知らない」という事実を利用（悪用）して、グアム人の前でマリアナ諸島の年配者が日本語を使うことがあるという。それは、グアム人にわかってほしくない都合の悪い話をするときなどである。

海外の日本語研究の意義について

本書で取り上げた海外における日本語の研究は極めて重要である。それはマリアナ諸島の人々にとって自分たちの歴史の一部である日本時代の言語を記録しておくという意味でもあるが、これは一般の日本人にとっても重要な課題である。かつて自分たちの国がどのように言語的勢力と伸ばしたか、あるいは言語を武器にして国家的勢力を伸ばして地元住民を同化させたかは日本人として知っておかなければならないことであろう。そして、この研究におけるもう1つの意義は、将来の日本語学習のより効率的な教え方を見出すことである。そのためにはこのような非母語話者の話す日本語の特徴を調べ、分析することが不可欠なのである。

〔謝辞〕

本書のデータは、2002年12月から断続的に行ったフィールドワークによって得られたものである。研究調査の過程において、さまざまな形で協力してくださった、次の方々に心からのお礼を申し上げる（敬称略）。

Robert Eldridge, 朝日祥之, Cinta Kaipat, Gus Kaipat, Ramon S. Guerrero, Jesus

Elameto, Ron Barrineau, Manuel Villagomez, Tony Moreham, David Omar, Noel Quitugua, Scott Russell, Vic Igitol, Samuel McPhetres, Vic Igitol, Rosa Agrot, Virginia Sablan Aguon, Francisca Atalig, Santiago Babauta, Nobuko Babauta, Soledad Benavente, Juan Blanco, Antonio Borja, Elias Borja, Escolastica T. Cabrerra, Gregory Cabrerra, Vincente T. Camacho, Rosa Castro, Frank Declacruz, Juan C. Dias, Maria Evangelista, Julia Jota, Juan King, Caridad Kiyoshi, Antonio Manglona, Emilia Manglona, Bernard Phillip, Magdalena Ruak, David M. Sablan, Jesus D. Sablan, Vicente Sablan, Jose Torres.

なお、本書の表紙について一言付け加えたい。表紙の写真は、戦前の小学校の教室での風景であるが、この写真の真ん中で立ち上がって本を朗読しているのは若きフアン・ブランコ（Juan Blanco）さんである。そして、奥付の写真で笑顔で写っているのが数十年後のブランコさんである。

この本をブランコさんとともに、協力してくださったすべての方々に捧げたいと思う。

We acknowledge the kind permission of University of Hawaii Press for the use of graphs 13, 14 and 15.

参考文献

麻原三子雄（1942）「南洋群島に於ける国語教育」『国語文化講座　6　国語進出篇』朝日新聞社，89-105

朝日祥之（2004）「サハリンにおける言語接触小史」真田信治監修　富山大学人文学部日本海研究プロジェクト世話人編『日本海沿岸の地域特性とことば　富山県方言の過去・現在・未来』日本海総合研究プロジェクト研究報告２　桂書房，121-146

朝日祥之（2005）「海と方言―島の間の方言の伝播」『日本語学』24-9：50-61

新井正人（2008）『マリアナ地域における残存日本語の中間言語的特徴』首都大学東京修士論文

井上文子（1992）「『アル』・『イル』・『オル』によるアスペクト表現の変遷」『国語学』171：20-29

伊波茂雄（1994）「おくにはどちらですか」『サイパン会誌第２号心の故郷サイパン』サイパン会発行，293

大関浩美（2003）「中間言語における variation とプロトタイプ・スキーマ―日本語学習者の「～とき」の習得過程に関する縦断的研究―」『第二言語としての日本語の習得研究』6：70-88

大関浩美（2005）「第二言語における日本語名詞修飾節の産出は普遍的習得難易度階層に従うか」『第二言語としての日本語の習得研究』8：64-81

沖縄テニアン会編（2001）『記念誌　はるかなるテニアン』沖縄テニアン会

奥野由紀子（2005）『第二言語習得過程における言語転移の研究―日本語学習者による「の」の過剰使用を対象に―』風間書房

狩俣繁久（2002）「琉球の方言」『朝倉日本語講座』10：161-179

簡　月真（2005）「共通語として生きる台湾日本語の姿」『国文学解釈と鑑賞』70-1：197-210

簡　月真（2006）「台湾高年層の日本語にみられる一人称代名詞」『日本語の研究』2-2：61-75

簡　月真（2007）「台湾に生き残る日本語の諸相」『韓国中央大学校　国際学術シンポジウム要旨集』34-45

簡　月真（2009）「台湾日本語にみられる『でしょ』の新用法」『社会言語科学』11-2：28-38

簡 月真（2011）『台湾に渡った日本語の現在―リンガフランカとしての姿―』明治書院（海外の日本語シリーズ１）

金 玄珠（2002）「韓国語話者はどのような時に「ノ」の誤用を産出するか―「ノ」の脱落と被修飾語との係わりを中心に―」『学校教育学研究論集』5：109-116

金 美善（1998）「在日コリアン一世の日本語―大阪市生野区に居住する一世の事例―」『日本学報』17:71-82

佐藤亮一（1985）「地域差と場面差―熊本県球磨川沿岸地域における調査から―」『方言の諸相』国立国語研究所報告84:157-228

真田信治（1996）「チューク語（ミクロネシア）における日本語からの借用語」『言語学林 1995-1996』三省堂，45-53

真田信治（1996）「一型アクセントとしてのチューク語―ミクロネシアでの言語調査から―」『日本語研究諸領域の視点 上巻』明治書院，721-727

真田信治（1997）「コスラエ語（ミクロネシア）における日本語からの伝播語の音的特徴」『日本語の歴史地理構造』明治書院，3-14

真田信治（2002）「ポナペ語における日本語からの借用語の位相―ミクロネシアでの現地調査から―」『国語論究９ 現代の位相研究』明治書院，33-57

真田信治（2007）『方言は気持ちを伝える』岩波ジュニア新書

真田信治（2009）『越境した日本語―話者の「語り」から―』和泉書院

柴田 武（1958）『日本の方言』岩波新書

渋谷勝己（1995）「多くの借用語と高い日本語能力を保ち続ける人々 ヤップ」『月刊日本語』8-2：22-25

渋谷勝己（1995）「旧南洋群島に残存する日本語の可能表現」『無差』2：81-96

渋谷勝己（1997）「旧南洋群島に残存する日本語の動詞の文法カテゴリー」『阪大日本語研究』9：61-76

渋谷勝己（1999）「ミクロネシアに残る日本語②―パラオの場合―」『月刊言語』28-6：76-79

渋谷勝己（2001）「パラオに残存する日本語の実態―報告書・序章―」『環太平洋地域に残存する日本語の諸相 １』（「環太平洋の言語」成果報告書Ａ４-005）81-96

白畑知彦（1993）「幼児の第２言語としての日本語獲得と「ノ」の過剰生成―韓国人幼児の縦断研究―」『日本語教育』81:104-115

高江洲頼子（1994）「ウチナーヤマトゥグチ―その音声、文法、語彙について―」『沖縄言語研究センター研究報告』3：245-289

高橋顕志（1985）「廃物廃語と無回答（NR）」『国語学』143:64-53

土岐 哲（2000）「ミクロネシア・チュークの現日本語学習者による日本語音声」『阪大日本語研究』12:21-31

中北美千子（2000）「談話におけるダロウ・デショウの選択基準」『日本語教育』107:26-35

南洋庁編（1930）『南洋群島勢調査書第二巻島民編』南洋庁

南洋庁編（1934）『第二回南洋庁統計年鑑』南洋庁

仁田義雄（2000）「認識のモダリティとその周辺」『日本語の文法3　モダリティ』岩波書店，81-159

松岡知津子（2004）「複合動詞「〜スル」を形成する漢語名詞について」『日本語教育』120:13-22

宮城紀美（1999）「ミクロネシアに残る日本語①　ポンペイ島からのレポート」『月刊言語』28-6:38-41

三宅知宏（1996）「日本語の確認要求的表現の諸相」『日本語教育』89:111-122

宮脇弘幸（1995）「旧南洋群島における日本化教育の構造と実態及び残存形態」『人文科学論叢』4:53-105（宮城学院女子大学）

宮脇弘幸（2006）『南洋群島国語読本』1〜8巻　大空社

由井紀久子（1996）「旧ヤップ公学校卒業生の日本語談話能力―訂正過程についての一考察―」『阪大日本語研究』8:73-85

由井紀久子（1998）「パラオ語に受容された日本語を起点とする借用語」『京都外国語大学研究論叢』51:310-329

由井紀久子（1998）「旧南洋群島公学校における日本語教育の諸問題」『無差』5:77-98

由井紀久子（1999）「パラオ語の感覚語彙と日本語からの借用語」『無差』6:105-120

由井紀久子（1999）「ミクロネシア諸語に取り込まれた借用語対照表1」『京都外国語大学研究論叢』52:137-167

由井紀久子（1999）「ミクロネシア諸語に取り込まれた借用語対照表2」『京都外国語大学研究論叢』53:147-167

由井紀久子（2000）「ミクロネシア諸語に取り込まれた借用語対照表3」『京都外国語大学研究論叢』54:171-191

由井紀久子（2000）「ミクロネシア諸語に取り込まれた借用語対照表4」『京都外国語大学研究論叢』55:321-335

由井紀久子（2001）「ミクロネシア諸語に取り込まれた借用語対照表5」『京都外国語大学研究論叢』56:327-331

由井紀久子（2002）「ミクロネシアでの日本語教育とそれが残したもの」日本語教育学会春季大会予稿集，54-59

ロング、ダニエル（1993）「疑似標準語と地方共通語」『大阪樟蔭女子大学論集』30:1-10

ロング、ダニエル（2000）「小笠原諸島の言語と文化にみられる太平洋諸島の影響」『20

世紀フィールド言語学の軌跡　徳川宗賢先生追悼論文集』79-96　変異理論研究会
ロング、ダニエル（2002）「小笠原諸島に生まれた混合言語」『現代日本語の音声・語彙・意味・文法・談話における変異と日本語教育』（科学研究費報告書）115-134
ロング、ダニエル（2003）「チャモロ語に生きている日本語」『月刊日本語』16.8:56-57
ロング、ダニエル（2010）「日本語学習者が作る日本語文法」『日本語文法』10.2:39-58
ロング、ダニエル（2011）「小笠原諸島に見られる旧南洋庁地域の言語的影響」『言語文化研究』22.4: 3-13　立命館大学
ロング、ダニエル、小松恭子、新井正人、米田早希（2007）「サイパンの日本語について ―実態の中間調査報告―」『人文学報』382:15-39
ロング・ダニエル、橋本直幸（2005）『小笠原ことばしゃべる辞典』南方新社
Abo, T. & B. W. Bender, et al. (1976) *Marshallese-English Dictionary*. University of Hawaii Press (UHP).
Adamson, H. D. (1990) "Prototype schemas, variation theory, and the structural syllabus." *IRAL*, 28: 1-25
Adamson, H. D. & Elliott, O. P. (1997) "Sources of variation in interlanguage." *IRAL*, 35: 87-98
Bybee, J. & Morder, L. (1983) "Morphological classes as natural categories." *Language*, 59:252-269
Carroll, V. & Soulik T. (1973) *Nukuoro Lexicon*. UHP.
Comrie, B. (1985) "Lexical nominalization" *Language typology and syntactic description : Grammatical categories and the lexicon III* :349-398
Friday, J. B. & Dana Okano (2006) "Calophyllum inophyllum (kamani)" *Species Profiles for Pacific Island Agroforestry* vol.2.1: 1-17 online at : http://www.agroforestry.net/
Goodenough, W. H. & H. Sugita (1990) *Trukese-English Dictionary*. Philadelphia : American Philosophical Society.
Harrison, S. P. & S. Albert (1977) *Mokilese-English Dictionary*. UHP.
Hayashi, Brenda (1995) "Second Language Maintenance : the case of Japanese negation in Pohnpei"『人文科学論叢』4 :107-123（宮城学院女子大学）
Hayashi, Brenda (1999) "Testing the regression hypothesis : the remains of the Japanese negation system in Micronesia." In Lynne Hansen, ed. *Second Language Attrition in Japanese Contexts*. Oxford University Press, 154-168
Jackson, F. H. & J. C. Marck (1991) *Carolinian-English Dictionary*. UHP.
Jensen, J. T., et al. (1972) *Yapese-English Dictionary*. UHP.
Josephs, L. S. (1990) *New Palauan-English Dictionary*. UHP.
Josephs, Lewis S (1979) "The influence of Japanese on Palauan." *Papers in Japanese Lin-

guistics Vol. 6. Los Angeles : Japanese Linguistics Workshop, Univ. of Southern California.

Keenan, E. & Comrie, B. (1997)"Noun phrase accessibility and universal grammar." *Linguistic Inquiry*, 8 : 63-99

Lee, K. D. (1976) *Kusaiean-English Dictionary*. UHP.

Lieber, M. D. & K. H. Dikepa (1974) *Kapingamarangi Lexicon*. UHP.

Long, Daniel (2004) "Japanese Language on Saipan : Some Research Topics in the Northern Marianas for Japanese Linguists" 『日本語研究』24:69-77

Matsumoto, Kazuko and David Britain. (2000) "Hegemonic diglossia and pickled radish : symbolic domination and resistance in the trilingual Republic of Palau." *Essex research reports in linguistics*. 29: 1 -37

Matsumoto, Kazuko (2001) "A social network study of language shift and maintenance in a multilingual Micronesian society." *Essex Graduate Student Papers in Language and Linguistics* 3 :105-132

Matsumoto, Kazuko (2001) "Multilingualism in Palau : Language contact with Japanese and English." In T. E. McAuley (Ed.) *Language Change in East Asia*. London : Curzon Press, 84-142

Matsumoto, Kazuko and David Britain. (2001) "Conservative and innovative behaviour by female speakers in a multilingual Micronesian society." *Essex Research Reports in Linguistics* 38:80-106

Matsumoto, Kazuko and David Britain. (2003) "Language choice and cultural hegemony in the Western Pacific : Linguistic symbols of domination and resistance in the Republic of Palau." In Daniel Nelson and Mijana Dedaic (eds.) *At war with words*. Berlin : Mouton, 315-357

Matsumoto, Kazuko and David Britain (2003) "Investigating the sociolinguistic gender paradox in a multilingual community : A case study from the Republic of Palau", *International Journal of Bilingualism* 7.2 : 127-152

Matsumoto, Kazuko and David Britain (2003) "Contact and obsolescence in a diaspora variety of Japanese : The case of Palau in Micronesia." *Essex Research Reports in Linguistics* 44 : 38-75

Miyagi, Kimi (2000)"Japanese loanwords in Pohnpeian : adaptation and attrition." *Japanese Linguistics* (『日本語科学』) 7 :114-132

Miyajima, Tatsuo (1998) "Linguistic consideration of the Micronesian ways of life during the Japanese occupation." In Toki (1998), 15-24

Peattie, Mark (1988) *Nan'yo : The Rise and Fall of the Japanese in Micronesia, 1885-1945*

UHP.

Rehg, K. L. & D. G. Sohl (1979) *Ponapean-English Dictionary*. UHP.

Sanada, Shinji (1997) "Phonological Characteristics of Japanese-derived Borrowings in the Trukese of Micronesia."『日本語科学』1 :49-62

Sanada, Shinji (1998) "Characteristics of Japanese Loanword Vocabulary in Micronesian Languages" In Toki (1998), 63-94

Shibatani, Masayoshi (1990) *The languages of Japan*. Cambridge Language surveys.

Shibuya, Katsumi (1998) "Grammatical aspects of an interlanguage : the potential expressions of Yapese Japanese." In Toki (1998), 49-61

Sohn, H. M. & A. Tawerilmang (1976) *Woleaian-English Dictionary*. UHP.

Toki, Satoshi (1998) "The Remnants of Japanese Phonology in the Micronesian Chuuk." In Toki (1998), 25-48

Toki, Satoshi (ed 1998.) *The Remnants of Japanese in Micronesia*. Memoirs of the Faculty of Letters. Osaka University.『大阪大学文学部紀要』38

Topping, D. M., et al. (1975) *Chamorro-English Dictionary*. UHP.

Trudgill, Peter (2004) "Colonial Lag and Southern Hemisphere evidence for 19th century British English" *New Dialect Formation : The Inevitability of Colonial Englishes*. Oxford University Press, 31-82

Yui, Kikuko (1998) "The Formation of Micronesian Japanese : Teaching Japanese at Public Schools in Nan'yōguntō." In Toki (1998), 7 -14

de Villiers, J. (1980) "The process of rule learning in child speech : A new look." In K. Nelson (Ed.), *Children's language Vol. 2*, 1 -44. New York : Gardner Press.

索　引

あ行

アイデンティティ　……………68-71
アスペクト　……………71, 72, 81, 132
イ形容詞　………89, 93-97, 103, 104, 106, 109, 112-115
意味変化　………134, 135, 137, 138, 144
意味領域　……………………136-138
歌…17, 18, 54, 82, 90, 98, 99, 108, 150, 151
ウチナーヤマトゥグチ……29, 33, 84-86, 131, 132
英語………43, 45, 73, 76, 85, 87, 105, 107, 133-135, 138, 139, 143, 144, 148, 152, 154, 155, 157
大関浩美………87, 105-107, 109, 111
小笠原諸島……………14, 84, 85, 147-157
沖縄………14, 15, 29-33, 38, 52, 54, 61, 72, 73, 82-85, 94, 130-132, 147-149, 152, 156-158
音変化………134-136, 138, 139, 145, 153

か行

確認要求　……………………119-127
過剰修正　………………………97, 109
過剰般化………87, 100-102, 109, 158
片仮名　………………………18, 19, 46, 49
カナカ人　……………20-27, 148, 155
カロリン語……41, 76, 133-136, 138, 141, 144, 145
含意の尺度　……………103, 104, 109
関係節化　………………………87, 107
漢字　………………18, 19, 46, 49, 60, 77
干渉　………………36, 84, 85, 97, 101, 116
間接目的語　………………87, 107, 108
汽車　………………78, 79, 81, 82, 102
旧情報　………………………122-124, 127
教育勅語　……………………45, 46, 76
共通言語　……………………41, 63, 79

グアム　……………………91, 152, 154, 155
九九　………………………………45, 46
軍……13-15, 17, 60, 62, 68, 72, 74, 81, 82, 88, 89, 95, 107, 124, 126, 129, 149
敬語　………………………41, 71, 84, 150
形容動詞(「ナ形容詞参照」)
言語交流　………………147, 148, 156, 157
公学校………18, 38, 41-51, 53-55, 57, 59-61, 64, 69, 75, 77, 99
コソラエ　……………………………152
コロニアル・ラグ　………………148

さ行

在日コリアン　……………………84, 85
真田信治　………………………35, 130, 131
サハリン　………………………35, 131
サブマージョン教育　……47, 48, 51, 55
差別　……………60, 63, 65, 66, 130, 155
実業学校　…………………………55, 57-59
自動詞　………………………84, 138, 140
師範学校　………………………………58
斜格　………………………87, 107-109
借用語……54, 131, 133, 134, 136, 150, 156
周圏論　…………………………………148
修飾　……39, 81, 87-90, 93-102, 106-109, 111-118
主語　……………………87, 105, 107, 108
準体助詞　……………100, 102, 103, 109
小学校　……17, 38, 41, 42, 45, 47, 48, 54, 55, 57, 58, 69
省略(「の」の省略誤用)……89, 90, 93, 97, 103, 104, 106, 109, 150
植民地遅延　…………………………148
所有格　……………………87, 107, 108
神社　………………………19, 76, 102
新情報　………………119, 122, 123, 125-128
スキーマ　……………………87, 105-107
ストラテジー(「方略」参照)　…86, 87, 127

スペイン、スペイン語…15, 75, 129, 139, 153-155
接続不変化詞……………97, 101, 109, 115
ゼロ形式………………………89, 97, 101
戦争………51, 58, 66, 69, 70, 72, 74, 82, 83, 90, 91, 94, 123, 125, 129
挿入(「の」の挿入誤用)……88, 89, 92-98, 100, 102-104, 106, 108, 109, 111, 136
外の関係………………………107, 108

た行

第1次世界大戦………………………44, 154
台湾……………………35, 119, 130, 131
タナパグ(タナバコ)…75, 77, 78, 134, 135
チャモロ語……41, 42, 44, 47, 49-55, 63, 64, 69, 71, 92, 97, 100, 101, 109, 115, 118, 125, 133, 134, 136-138, 141, 148, 150, 154-156
中間言語………35, 36, 79, 87, 89, 93, 103, 105, 106, 113, 117, 118, 157, 158
朝鮮、朝鮮人…14, 20-26, 33, 38, 130, 131
直接目的語……………………87, 107, 108
丁寧語………………………………149
「でしょ」………35, 39, 119-123, 126, 127
テニアン……14-16, 19-21, 35-38, 52, 54, 55, 91, 154
転移………………36, 87, 88, 101, 105
伝播……………………………148, 152-154
ドイツ………………………74, 75, 129
トラック………13, 14, 16, 17, 19, 20, 22, 23, 27, 28, 31, 33, 35, 38, 44, 72, 75, 79, 152
トン普通語……………………………84, 131

な行

内地(ナイチ)……………148, 149, 150, 154
ナ形容詞……73, 89, 93, 95-97, 103, 104, 106, 109, 112-115
名前……………………………72, 129, 152
南洋興発……15, 16, 29, 55, 62, 63, 129, 130
南洋訛り…………………………………132
西日本共通語……………………………132
西日本方言………………………72, 131, 132
仁田義雄………………………119-121, 127
「の」の誤用(「省略」「挿入」参照)

は行

廃語………………………………149
八丈島………15, 38, 53, 54, 148, 150, 152, 156, 157
パラオ、パラオ語……13, 14, 16-20, 24, 25, 27, 28, 32, 33, 41, 42, 44, 47, 63, 64, 72, 74, 79, 129, 130, 134, 147, 150-153, 156, 157
ハワイ、ハワイ語…………147, 148, 152, 153, 155, 156
美語………………………………149
被修飾語…………………………88, 101, 111
否定………………………………131, 132
複文…………………………………77
プロトタイプ・スキーマ(「スキーマ」参照)
(言語)変異………36, 39, 87, 105-107, 135, 136, 143, 144, 152
偏見…………………………………65
(言語)忘却………………………………145
方略(「ストラテジー」参照)……74, 76, 80, 127
母語干渉………………………………36, 101
(言語)保持………………………………35, 145
ポナペ………13, 14, 16, 17, 19, 20, 23, 27, 28, 31-33, 35, 44, 79, 151, 152

ま行

マーシャル諸島………………13, 79, 130
松江春次………………………………15
無生(主語)……………………105, 108, 109
「名詞+する」(構造)……………39, 81-86

や行

ヤップ………13, 14, 17, 19, 22, 27, 28, 30, 33, 35, 44, 126, 152
有生(主語)…………………88, 105, 107-109

ら行

琉球語、琉球方言……33, 39, 52, 85, 129, 131, 132, 147, 157
リンガフランカ（共通言語）……41, 48, 63, 80

類型………87-89, 107, 119, 122, 125, 148, 156, 157
類推…………84, 86, 96, 97, 100, 109, 144
連体修飾……………88, 101, 103, 107, 111
ロタ………14, 16, 20, 21, 38, 53, 82, 90, 91, 98, 108, 124, 126, 129, 154

著者
ダニエル・ロング（Daniel, LONG）
首都大学東京教授。大阪大学大学院修了。博士(文学、大阪大学)。主著に『日本語からたどる文化』（共著、放送大学教育振興会）、『世界の言語景観　日本の言語景観―景色のなかのことば―』（共著、桂書房）、『南大東島の人と自然』（共編、南方新社）など。

新井正人（ARAI, Masato）
首都大学東京大学院修了。修士（日本語教育学、首都大学東京）。論文に「サイパンの日本語について―実態調査報告―」（共著、『人文学報』382号）、「小笠原諸島の多言語状況に関する実態調査報告」（共著、『小笠原研究』32号）など。

監修
真田　信治（SANADA, Shinji）
大阪大学名誉教授／奈良大学教授。東北大学大学院修了。文学博士（大阪大学）。主著に『日本の多言語社会』（共編、岩波書店）、『方言学』（編著、朝倉書店）、『越境した日本語―話者の「語り」から―』（和泉書院）など。

(左から)新井正人、フアン・ブランコ、ダニエル・ロング(2006年9月22日撮影)
(l to r) Masato ARAI, Tun Juan BLANCO, Daniel LONG (September 9, 2006)
＊フアン・ブランコさんは表紙の少年

海外の日本語シリーズ2
マリアナ諸島に残存する日本語
―その中間言語的特徴―

平成24年4月10日　初版発行

著　者　　ダニエル・ロング／新井正人
監　修　　真田信治
発行者　　株式会社　明治書院
　　　　　代表者　三樹　敏
印刷者　　亜細亜印刷株式会社
　　　　　代表者　藤森英夫
製本者　　亜細亜印刷株式会社
　　　　　代表者　藤森英夫

発行所　　株式会社　明治書院
　　　　　〒169-0072
　　　　　東京都新宿区大久保1-1-7
　　　　　電話　03-5292-0117
　　　　　振替　00130-7-4991

装　丁　　美柑和俊　[MIKAN-DESIGN]

©Daniel Long, Masato Arai 2012
Printed in Japan
ISBN 978-4-625-43449-5